Jochen Rusina

Resilienzförderung bei unbegleiteten minderjährigen Flüchtlingen

Einsatzmöglichkeiten der Resilienzforschung im Rahmen der Sozialen Arbeit

Bibliografische Information der Deutschen Nationalbibliothek:

Die Deutsche Nationalbibliothek verzeichnet diese Publikation in der Deutschen Nationalbibliografie; detaillierte bibliografische Daten sind im Internet über http://dnb.d-nb.de abrufbar.

Impressum:

Copyright © Studylab 2018

Ein Imprint der Open Publishing GmbH

Druck und Bindung: Books on Demand GmbH, Norderstedt, Germany

Coverbild: Open Publishing | Freepik.com | Flaticon.com | ei8htz

Inhaltsverzeichnis

1 Einleitung

Im Rahmen dieser Thesis geht es um unbegleitete ausländische Minderjährige, die aus unterschiedlichen Gründen - auch ökonomischen - nach Deutschland kommen.

Die offizielle Asylgesuchsstatistik der Bundesregierung beziffert den Zugang von unbegleiteten ausländischen Minderjährigen, die einen Asylantrag stellten, auf 35.939 im Jahr 2016 (vgl. Deutscher Bundestag 2017: 4).

Im Vergleich zur Gesamterfassung der Migranten*innen, die 2016 nach Deutschland kamen und deren Zahl vom Bundesamt für Migration und Flüchtlinge auf 722.370 beziffert wird, ist die Gruppe der unbegleiteten Minderjährigen klein und macht 2016 mit 44.935 nur rund 6 Prozent der Asylsuchenden in Deutschland aus (vgl. BAMF 2017).

Dennoch stellt gerade diese Gruppe besondere Herausforderungen an die Gesellschaft, weil die Lebenswelt der jungen Migranten*innen häufig von traumatisierenden Erfahrungen geprägt ist.

Es stellt sich die Frage, wie diesen Jugendlichen im Rahmen der Sozialen Arbeit geholfen werden kann, dass sie trotz der gravierenden Belastungen eine gesunde psychische Entwicklung nehmen. Dieser Frage geht diese Arbeit nach.

Im ersten Teil der Arbeit werden Lebenslagen von unbegleiteten Minderjährigen näher beschrieben und innere Prozesse der jungen Migranten*innen skizziert. Es wird deutlich, welche enormen Probleme die Jugendlichen zu bewältigen haben und vor welchen Herausforderungen Institutionen stehen, die den Jugendlichen helfen sollen.

Die Resilienzforschung hat verschiedene Ansätze entwickelt und Erkenntnisse gebracht, die für die Bewältigung dieser Herausforderungen hilfreich sein können. Im zweiten Teil werden zunächst einige zentrale Erkenntnisse und Ansätze der Resilienzforschung dargelegt.

Im dritten Teil werden anhand einer Studie mit jungen Flüchtlingsfrauen Möglichkeiten aufgezeigt, wie Kunsttherapie auf der Grundlage der Resilienzforschung ihre Arbeit mit Minderjährigen gestaltet. Diese Studie liefert zugleich Ansatzpunkte für Professionelle der Sozialen Arbeit, anhand derer sich Resilienzförderung konkret umsetzen lässt.

Der vierte Teil beschäftigt sich anschließend mit spezifischen Problemlagen von unbegleiteten Minderjährigen im Kontext der Sozialen Arbeit und nennt Kompetenzen, die Fachkräfte der Sozialen Arbeit im Umgang mit unbegleiteten Minderjährigen entwickeln sollten.

Die Schlussbetrachtung fasst abschließend einige zentrale Aspekte der Thesis zusammen.

Diese Arbeit vermeidet den Begriff „Flüchtling" und verwendet stattdessen den Begriff „Unbegleitete Minderjährige" (UM). Synonym dazu sind die Begrifflichkeiten „unbegleitete ausländische Minderjährige" oder „unbegleitete ausländische Kinder- und Jugendliche".

2 Unbegleitete ausländische Minderjährige

In diesem Teil werden zunächst der Begriff „Flüchtling" und „unbegleitete minderjährige Flüchtlinge" erläutert und anschließend die (psychische) Lage der Jugendlichen zu erfassen versucht.

2.1 Definition von Flüchtlingen und unbegleiteten minderjährigen Flüchtlingen

Definition von Flüchtlingen nach der Genfer Flüchtlingskonvention

> „Umgangssprachlich sind alle Menschen, die aus ihrem Heimatland fliehen, Flüchtlinge. Rechtlich ist es komplizierter" (vgl. Die Bundesregierung 2017).

Die Genfer Flüchtlingskonvention von 1951 ist ein internationales Abkommen und definiert einen Flüchtling folgendermaßen: Gemäß Artikel 1 ist ein Flüchtling eine Person, die „sich außerhalb des Landes befindet, dessen Staatsangehörigkeit sie besitzt" (UNHCR 2017) oder in dem sie ihren ständigen Wohnsitz hat (vgl. UNHCR 2017). Die Gründe für den Aufenthalt im Ausland liegen bei diesen Personen in der „begründeten Furcht vor Verfolgung wegen ihrer Rasse, Religion, Nationalität, Zugehörigkeit zu einer bestimmten sozialen Gruppe oder wegen ihrer politischen Überzeugung" (ebd.). Diese Personen können den Schutz des Heimatlandes nicht in Anspruch nehmen und nicht in die Heimat zurückkehren (vgl. ebd.).

Wirtschaftliche Not, Armut und Naturkatastrophen gehören nach der Konvention von Genf nicht zu den Gründen, die eine Person zu einem Flüchtling machen.

Definition von unbegleiteten minderjährigen Flüchtlingen

Die Genfer Flüchtlingskonvention enthält keine besonderen Regelungen für unbegleitete minderjährige Flüchtlinge. Die Konvention ist allgemein formuliert und umfasst alle Flüchtlinge, egal welchen Alters. Sie fordert stattdessen von den jeweiligen Vertragsstaaten eine kindgerechte Auslegung (vgl. Parusel 2009: 14).

Die EU-Aufnahmerichtlinie 2013/33/EU vom 26.6.2013 definiert einen unbegleiteten ausländischen Minderjährigen unter Artikel 2 „Begriffsbestimmungen" als einen „Drittstaatsangehörigen oder Staatenlosen unter 18 Jahren, „der (…) ohne Begleitung eines verantwortlichen Erwachsenen in das Hoheitsgebiet eines Mitgliedstaats einreist" (Europäisches Parlament 2013: 180/99, Auslassungen J.R.).

„Dies schließt Minderjährige ein, die nach der Einreise in das Hoheitsgebiet eines Mitgliedstaates dort ohne Begleitung zurückgelassen wurden" (ebd.).

Das Gesetz zur Verbesserung der Unterbringung, Versorgung und Betreuung ausländischer Kinder und Jugendlicher vom 28.10.2015 ergänzt die Fassung des Sozialgesetzbuchs VIII (SGB VIII) von 2012 durch mehrere Paragrafen. Paragraf 42a verpflichtet das Jugendamt „ein ausländisches Kind oder einen ausländischen Jugendlichen vorläufig in Obhut zu nehmen, sobald dessen unbegleitete Einreise nach Deutschland festgestellt wird". Der Gesetzestext bezeichnet Minderjährige, die ohne eine sorge- oder erziehungsberechtigte Person nach Deutschland kommen, als unbegleitete ausländische Kinder und Jugendliche (vgl. SGB VIII Artikel 42, 42a, 42b, 42c)

Paragraf 7 SGB VIII definiert ein Kind als eine Person, die noch nicht 14 Jahre alt und Jugendliche als Personen im Alter zwischen 14 und 18 Jahren.

2.2 Lebenslage von unbegleiteten ausländischen Minderjährigen in Deutschland

Unter den schutzsuchenden Migranten*innen, die nach Deutschland kommen sind neben Frauen und Männern, Familien mit Kindern und begleiteten Jugendlichen auch immer wieder unbegleitete ausländische Kinder und Jugendliche.

2.2.1 Fluchtgründe

Warum lassen Kinder und Jugendliche ihre Familie in der Heimat zurück und fliehen ins Ausland? Der Handlungsdruck muss extrem hoch sein, um tausende Kinder und Jugendliche ohne den Schutz ihrer Eltern eine gefährliche Reise ins Unbekannte antreten zu lassen.

Der Blick in die Herkunftsländer der unbegleiteten ausländischen Minderjährigen, die in Deutschland Zuflucht suchen, offenbart deren Alltag. Die Medien berichten über Krieg, Hunger, Gewalt und Unterdrückung in Ländern wie Afghanistan, Syrien, Irak, Eritrea, Somalia oder einem anderen Krisenstaat.

Die Bundesregierung differenziert in einem Bericht über die Situation unbegleiteter ausländischer Minderjähriger in Deutschland zwischen allgemeinen Fluchtgründen und kinderspezifischen Fluchtgründen. Krieg, politische oder religiöse Verfolgung, physische und psychische Gewaltanwendung und Perspektivlosigkeit in prekären Wirtschaftslagen gehören demnach zu den allgemeinen, Zwangsrekrutierung als Kindersoldat, geschlechtsspezifische Verfolgung, innerfamiliäre Gewalt, Kinderprostitution und Zwangsverheiratung zu den kinderspezifischen Fluchtgründen (vgl. Deutscher Bundestag 2017a: 8).

Das Bundesamt für Migration und Flüchtlinge hat aufgrund der Datenlage, bis zum Jahr 2017 keine detaillierte Aufschlüsselung der Fluchtgründe für die in Deutschland lebenden unbegleiteten Minderjährigen verfassen können.

Die folgende Darstellung basiert auf den Daten der Bundesregierung für das Jahr 2016 und soll dabei helfen, Rückschlüsse auf die Fluchtgründe der unbegleiteten Minderjährigen zu ziehen.

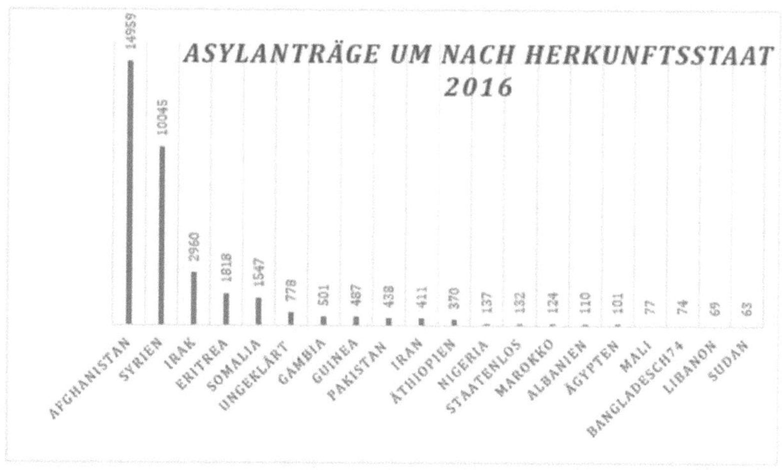

Abbildung 1: Asylanträge von unbegleiteten Minderjährigen nach Herkunftsstaat in 2016 (eigene Darstellung).

Quelle: Daten aus der Antwort der Bundesregierung (vgl. Deutscher Bundestag 2017: 4).

Krieg

Krieg und bewaffnete Konflikte sind statistisch gesehen Hauptursachen für Lebensumstände, vor denen Menschen fliehen. 2016 kamen laut Statistik 27.964 unbegleitete asylsuchende Kinder und Jugendliche aus den Bürgerkriegsländern Afghanistan, Syrien und Irak nach Deutschland (vgl. Abbildung 1). Das sind fast 78 Prozent der asylsuchenden unbegleiteten Minderjährigen im Jahr 2016.

Die Bundeszentrale für politische Bildung beschrieb 2015 in ihrem Dossier „Innerstaatliche Konflikte" verschiedene Länder.

Demnach kämpft in Afghanistan die afghanische Regierung mit internationalen Verbündeten gegen radikale Islamisten (vgl. Ruttig 2015). „Der Syrien-Krieg hat mehr als 250.000 Menschenleben gefordert und die Hälfte der Bevölkerung (ca. 24 Mio.) zu Flüchtlingen gemacht" (Wieland 2015).

Der Irak ist nach Golfkrieg, UN-Embargo und dem Sturz Saddam Husseins politisch, konfessionell und territorial tief gespalten (vgl. Rohde 2015). „Die Verwaltung funktioniert nur noch in den großen Städten. Die Wirtschaft ist im Niedergang begriffen. Soziale Probleme wie Vertreibung, Arbeitslosigkeit und Armut nehmen Überhand" (ebd.).

In dem instabilen Staat Somalia profitiert die islamistische Miliz Al Shabaab von dem politischen Vakuum (vgl. Balthasar 2015) und Pakistan leidet unter einer schwachen sozioökonomischen Entwicklung und Terrorismus mit verheerenden Anschlägen (vgl. Wojczewski 2015).

Die Medien zeigen Bilder von zerbombten Häusern und Städten und Kinder, die in den Trümmerhaufen spielen. Szenen der Zerstörung, der Angst vor dem nächsten Bombenangriff, der Schutz- und Hilflosigkeit werden dargestellt.

UNICEF verifizierte in Syrien „im Jahr 2015 mehr als 1.500 schwerste Kinderrechtsverletzungen" (UNICEF 2016a). 60 Prozent der Rechtverletzungen betreffen getötete und verstümmelte Kinder (vgl. ebd.).

In Kriegsgebieten werden jeden Tag „(...) im Durchschnitt vier Schulen oder Krankenhäuser zur Zielscheibe bewaffneter Angriffe" (ebd., Auslassung J.R.).

Die Psychologin und Fachberaterin für Psychotraumatologie Ulrike Schneck geht davon aus, dass Kinder und Jugendliche aus Kriegsgebieten die Erfahrung gemacht haben, dass nichts sicher ist (vgl. Schneck 2017: 16). „In Kriegsgebieten sind Angstzustände nicht mehr einzelnen traumatischen Ereignissen zuzuordnen, sondern bleiben bestehen und gehören zum Alltag" (ebd.).

Militärdienst / Zwangsrekrutierung als Kindersoldat

2016 kamen laut Statistik 1818 unbegleitete minderjährige Asylsuchende aus Eritrea nach Deutschland. Der UN-Bericht zur Lage der Menschenrechte in Eritrea aus dem Jahr 2016 empfiehlt, schutzsuchende Eritreer als Flüchtlinge einzustufen, weil es in dem Land zu anhaltenden Menschenrechtsverletzungen kommt (UN 2016). Aus dem Bericht geht hervor, dass in Eritrea Sklaverei, Verschleppungen, Folter, willkürliche Inhaftierung, Vergewaltigungen und Mord und an der Tagesordnung stehen (vgl. ebd.).

Demgegenüber formuliert die European Asylum Support Office (EASO) die Menschenrechtslage in Eritrea zurückhaltender. EASO beschreibt den Zugang zu neutralen Quellen für die Recherche als schwierig. Sie nutzt verfügbare Informationen der eritreischen Regierung, von Personen die in Eritrea leben und Einschätzungen von eritreischen Flüchtlingen, um eine möglichst umfassende Sicht auf die Menschenrechtslage zu ermöglichen (vgl. EASO 2016: 14).

Die EASO kommt 2016 zu dem Ergebnis, das bei freiwilligen Rückkehrern nach Eritrea, die zuvor den Militärdienst verweigert haben und ins Ausland geflüchtet sind, „die drakonischen gesetzlichen Bestimmungen derzeit offenbar nicht angewendet (werden)" (vgl. a.a.O.: 9, Anpassung J.R.).

Auf die Rückkehrer wartet dennoch der obligatorische Nationaldienst, der junge Erwachsene Eritreer zu Militär- und Zivildienst von unbegrenzter Dauer verpflichtet. Das Mindestalter für die Einberufung zum Nationaldienst liegt bei 18 Jahren. Amnesty International berichtet in dem Eritrea-Report 2017 von minderjährigen Schüler*innen, die das letzte Schuljahr in einem militärischen Ausbildungslager unter prekären Lebensumständen verbringen. Insbesondere junge Frauen sind dort sexuellen Übergriffen ausgesetzt (vgl. Amnesty International 2017a).

Obwohl die Regierung Eritreas für den zivilen Nationaldienst eine Erhöhung der Löhne umsetzen konnte (vgl. EASO 2016: 9), erhalten die Militärdienstleistenden „nur eine geringe Besoldung" (Amnesty International 2017a). Durch willkürliche Urlaubsregelungen wird ein geregeltes Familienleben unmöglich gemacht (vgl. ebd.).

EASO beziffert die Dauer des zivilen Nationaldienstes auf durchschnittlich 5-10 Jahre (vgl. EASO 2016: 9). Amnesty International berichtet von 67 Jahre alten Männern und älteren Frauen, die unter Androhung von Strafen militärischen und zivilen Nationaldienst verrichten mussten (Amnesty International 2017a).

Folter

Die Antifolter-Konvention der Uno von 1984 definiert Folter als eine Handlung, „durch die einer Person große körperliche und seelische Schmerzen zugefügt werden, mit der Absicht, Informationen oder eine Aussage zu erhalten, einzuschüchtern oder zu bestrafen und wird durch Vertreter*Innen eines Staates oder mit staatlichem Einverständnis begangen" (Amnesty International 2017).

Das Verbot der Folter ist ein Menschenrecht und 1948 in der Allgemeinen Erklärung der Menschenrechte bekundet, ohne rechtsverbindliche Kraft zu besitzen (vgl. ebd.)

30 Jahre nach der Verabschiedung der Antifolterkonvention der Vereinten Nationen kommt Amnesty International zu dem Ergebnis, dass zwischen 2009 und 2014 in 141 Ländern gefoltert wurde (vgl. ebd.). Die Länder aus Abbildung 1 gehören demnach zu den Staaten, in denen gefoltert wird.

Amnesty International dokumentierte von 2013 bis 2014 siebenundzwanzig Foltermethoden, darunter Schläge, Elektroschocks, Verharren in schmerzhaften Positionen, z.B. im Stehen, Knien oder Hängen, lang andauernde Isolation, Scheinhinrichtungen, Sauerstoffentzug, Zufügen von Schnittverletzungen oder Verbrennungen, z.B. mit Zigaretten, heißem Wasser oder heißem Plastik (vgl. ebd.). Sexuelle Erniedrigung findet durch Vergewaltigungen statt, anale Penetration mit Gegenständen oder Verletzungen der Geschlechtsorgane (vgl. Schneck 2017: 18).

Alle Formen von Folter haben verheerende Konsequenzen auf das Kohärenzgefühl der Gepeinigten und sind eine „besonders stark traumatisierende Erfahrung" (ebd.).

Staatliche Unterdrückung und Diskriminierung

Die Asylgesuchsstatistik zu unbegleiteten Minderjährigen 2016 (vgl. Abbildung 1) präsentiert neben Kriegsgebieten wie Afghanistan, Syrien, Irak und Somalia, Länder wie Eritrea und Iran, in denen Menschen unter repressiven Bedingungen leben müssen.

Die Bundeszentrale für politische Bildung beschreibt die Situation in Eritrea mit den Worten: „Eritrea gilt als eines der repressivsten Länder der Welt" (Hanewinkel 2014). Eritrea rangiert in Bezug zur Pressefreiheit auf dem letzten Platz (vgl. ebd.).

Der Iran ist mit 411 asylsuchenden Minderjährigen in der Statistik vertreten und verfügt über „eine der stärksten" Internet-Polizei-Strukturen auf diesem Planeten und einem effizienten Repressionsapparat (vgl. Chimelli 2011).

Wenn Menschen das Recht auf freie Meinungsäußerung oder Religionsfreiheit verlieren, sich vor willkürlichen Eingriffen in das Privatleben nicht mehr schützen können, sich herrschenden Ideologien unterordnen müssen oder aufgrund ihrer Zugehörigkeit zu einer ethnischen Minderheit diskriminiert werden, dann wird das Leben unerträglich und treibt die Menschen in die Flucht (vgl. Schneck 2017).

Politisch aktive Eltern werden in vielen Ländern staatlich verfolgt. Um ihre Kinder vor stellvertretender Verfolgung zu schützen, vertrauen die Erziehungsberechtigten ihre Kinder den Schleuserbanden an, mit dem Auftrag sie nach Europa zu bringen. Minderjährige, die die Beweggründe ihrer Eltern nicht nachvollziehen konnten, haben bei der Erstaufnahme und im Asylverfahren Probleme, weil sie ihre Flucht nicht ausreichend begründen können (vgl. BAMF 2014).

Kulturelle Traditionen

Kulturelle Traditionen können zum Fluchtgrund werden, wenn sie Kinder und Jugendliche zwingen etwas zu tun, was sie nicht möchten. Solche Traditionen sind Einbahnstraßen und kennen keine Auswege für Mädchen, die beschnitten werden sollen, für Frauen, denen die Schuld an der Vergewaltigung gegeben wird oder für Kinder, deren Eltern sie zwangsverheiraten (vgl. Schneck 2017: 17).

Der Report 2016/17 von Amnesty International zu Gambia und Guinea macht auf die Kinderrechte in beiden Ländern aufmerksam. Beide Länder haben eine hohe Rate an Kinderehen. Während in Gambia im Juli 2016 ein neues Gesetz verabschiedet wurde, welches Ehen unter 18 Jahren verbietet (vgl. Amnesty International 2017b), gehört Guinea, im internationalen Vergleich, zu den Ländern mit der höchsten Rate an Kinderehen (vgl. Amnesty International 2017c). In Bangladesch beziffert das Kinderhilfswerk der Vereinten Nationen UNICEF 2016 die Zwangsheirat auf beinahe 40 Prozent der Mädchen unter 15 Jahren. In dem Artikel „Kinderheirat ist eine schwere Menschenrechtsverletzung", beschreibt UNICEF die Folgen einer Heirat im Kindesalter: Vergewaltigung und Unterdrückung durch die älteren Ehemänner, frühe Schwangerschaften, Verlust der Kindheit, Trennung von Familie und Freunden sowie soziale Isolierung (vgl. UNICEF 2016b).

Sexuelle und häusliche Gewalt

Mit dem Thema Traditionen ist die weibliche Genitalbeschneidung verbunden. Das BAMF sieht die Genitalverstümmelung von Minderjährigen wie z.B. in Guinea als eine wesentliche Fluchtursache an (BAMF 2014).

Die Statistik in Abbildung 1 gibt 110 Kinder und Jugendliche aus Albanien an, die 2016 in Deutschland einen Asylantrag stellten (vgl. Abbildung 1). Amnesty International berichtet in ihrem Report zu Albanien neben weitverbreiteter Korruption, Folter und Misshandlungen auf Polizeiwachen von häuslicher Gewalt gegen Frauen und Mädchen (vgl. Amnesty International 2016). Zugleich gilt Albanien als sicheres Herkunftsland und Asylanträge von Albanern werden in der Regel abgelehnt.

Kriminalität

Eine Untersuchung von UNICEF in 2012 belegt, dass „ein hohes Maß sozialer Ungleichheit einhergeht mit hoher Kriminalität und Gewalt" (UNICEF 2012). Viele der Kinder, die in solchen Verhältnissen aufwachsen müssen, schließen sich, auf der Suche nach Anerkennung und Sicherheit, Banden an (vgl. ebd.).

Außerdem geraten viele Minderjährige in die Abhängigkeit von organisierter Kriminalität durch Krieg, bewaffnete Konflikte oder AIDS, die den Kindern und Jugendlichen die Eltern nehmen (UNICEF 2010: 4).

Ausbeutung

Schutzlosigkeit und der Zwang zur Selbstfürsorge bedeutet für Minderjährige in vielen Ländern dieser Welt harte Arbeit und Prostitution. Arbeitenden Kindern fehlt die Schulbildung. Als Analphabeten sind sie wiederum auf ihre Kinder angewiesen, die für sie arbeiten, denn die Armut lässt ihnen keine andere Wahl. UNICEF schätzt, dass in Afrika jedes dritte Kind im Alter von fünf bis 14 Jahren arbeitet (vgl. ebd.).

In Südostasien ist die Schuldknechtschaft verbreitet, die Kinder dazu zwingt unter sklavenähnlichen Bedingungen in Steinbrüchen und Fabriken zu arbeiten, um die Schulden ihrer Eltern zu tilgen (vgl. ebd.)

In West- und Zentralafrika werden nach Schätzungen von UNICEF jährlich 200.000 Kinder und Jugendliche Opfer des Menschenhandels (vgl. ebd.). Aus Mali verschleppte Jungen leisten beispielsweise schwere körperliche Arbeit auf Plantagen in der Elfenbeinküste und verschleppte Mädchen aus Nepal arbeiten z.B. als Prostituierte in Indien (vgl. ebd.).

Für Minderjährige aus armen Familien ist die sexuelle Ausbeutung der Beginn eines Lebens aus Erniedrigung, Einschüchterung, Drogen und Gewalt (vgl. ebd.).

Hunger

Weltweit werden Lebensgrundlagen zerstört. Sei es durch Verschmutzung, Flutkatastrophen, Erdbeben, Wirbelstürme oder Vulkanausbrüche. „Naturkatastrophen können gerade für ärmere Familien existenzbedrohend sein" (Schneck: 2017: 24 f.). Wenn eine Familie sich im Heimatland nicht mehr ernähren kann, dann wächst die Hoffnung auf ein Überleben durch Migration. Der familiäre Auftrag könnte lauten: „Kind geh vor und schaffe die Voraussetzungen für eine bessere Zukunft" (vgl. ebd.).

2.2.2 Rechtliche Rahmenbedingungen

Die rechtliche Situation von unbegleiteten Minderjährigen ist komplex.

Das Bürgerliche Gesetzbuch (BGB) regelt in Deutschland das Sorgerecht, Vormundschaft und Geschäftsfähigkeit eines Minderjährigen. Für einen ausländischen Minderjährigen gelten unter Umständen auch internationale Vorschriften oder sogar das Recht des Heimatstaates (vgl. Hocks 2017: 24).

Bei dem Merkmal „Minderjährigkeit" spielt die Rechtslage des Herkunftsstaates zunächst keine Rolle. Ist ein unbegleiteter Minderjähriger z.B. 19 Jahre alt und kommt aus einem Land, indem Volljährigkeit ab dem Alter von 21 Jahren beginnt, wird der Jugendliche in Deutschland nicht als UM gesehen. Er benötigt aber für Rechtsgeschäfte einen Vormund, weil hier das Recht des Herkunftsstaats gilt (vgl. a.a.O.: 30).

Rechtslage in Deutschland

Unbegleitete Minderjährige, die sich in Deutschland selbständig melden oder von der Polizei aufgegriffen werden, erhalten zunächst vorläufige staatliche Obhut durch das ansässige Jugendamt. (vgl. a.a.O.: 34 ff.). Mit der Inobhutnahme stehen den unbegleiteten Minderjährigen nun statt den Leistungen nach dem Asylbewerbergesetz, die Leistungen der Jugendhilfe zu (a.a.O.: 31).

In Pflegefamilien, spezialisierten Clearinghäusern oder Jugendhilfeeinrichtungen untergebracht, findet während der vorläufigen Inobhutnahme das sogenannte Erstscreening statt. Das Erstscreening beinhaltet eine Alterseinschätzung, die ggf. mit körperlichen Untersuchungen einhergeht. Unter Berücksichtigung der physischen und psychischen Belastbarkeit, werden Familienzusammenführung und soziale Bindungen überprüft. Anschließend wird das Verteilungsverfahren eingeleitet, durch das die unbegleiteten Minderjährigen einem Jugendamt zugewiesen werden, welches sie dauerhaft in Obhut nimmt. Rechtliche Grundlage des Erstscreenings ist § 42f. SGB VIII (vgl. BAMF 2017a).

Das Kindeswohl steht bei der Frage nach einer bundesweiten Verteilung vor dem öffentlichen Interesse an einer gleichmäßigen Verteilung auf das Bundesgebiet (vgl. Hocks 2017: 41).

Eine Notvertretung des Jugendamtes muss in der Zeit der vorläufigen Inobhutnahme prüfen, ob unbegleitete Minderjährige zeitnah einen Asylantrag stellen sollten, insb. dann, wenn der 18. Geburtstag ansteht. Wenn dies versäumt wird, fallen die betroffenen jungen Volljährigen ggf. unter die Dublin III-Verordnung und dies kann bedeuten, dass ein anderer EU-Staat zuständig wird (vgl. a.a.O.: 51).

Nach der dauerhaften Inobhutnahme durch das Jugendamt bestimmt das zuständige Familiengericht die Vormundschaft, die in der Regel bis zur Volljährigkeit besteht. Der Vormund hat das Sorgerecht (Personen- und Vermögenssorge) für eine*n UM, vertritt sie/ihn bei eingeschränkter Geschäftsfähigkeit und kümmert sich insb. um den Bereich des Asyl- und Ausländerrechts. Maßgebliches Recht bei der Bestellung eines Vormunds ist das deutsche Familienrecht, welches auf dem internationalen Familienrecht basiert und dieses insb. an das Haager Kinderschutzübereinkommen mit Art. 15 KSÜ anknüpft (vgl. a.a.O.: 56).

§ 1793 Abs. 1a BGB sieht einen monatlichen Besuch des Vormunds bei dessen Mündel in der Einrichtung vor (a.a.O.: 58).

Ein Amtsvormund kann bis zu 50 Mündel gleichzeitig betreuen und ist in seiner Kontaktmöglichkeit eingeschränkt. Die Betreuer*innen in den Kinder- und Jugendhilfeeinrichtungen werden deswegen ermächtigt Erziehungsmaßnahmen durchzuführen und im Idealfall ein Vertrauensverhältnis mit den UM aufzubauen. Das vertiefte Verständnis der Lebenslage von Betreuten ist der Grund dafür, warum Bezugsbetreuer*innen die unbegleiteten Minderjährigen zu Terminen beim Bundesamt oder Rechtsanwälten begleiten (vgl. a.a.O.: 59).

Europäische Regelungen

Die Schaffung eines gemeinsamen Asylsystems ist ein Ziel der Europäischen Union. Es existieren bisher 3 Richtlinien, die die Mitgliedsstaaten dazu verpflichten, entsprechende Gesetze im eigenen Land zu erlassen. Die Umsetzungsfrist betrug 2-3 Jahre. Dem Schutz der unbegleiteten Minderjährigen bemessen die drei Richtlinien eine große Bedeutung zu. Sie werden Aufnahme-, Verfahrens- und Qualifikationsrichtlinie genannt (vgl. ebd. f.). Aus der EU-Aufnahmerichtlinie stammt die oben genannte Definition eines unbegleiteten ausländischen Minderjährigen. Obwohl die Umsetzungsfrist bereits am 20.07.2015 ablief, ist die vollständige Umsetzung dieser Vorschriften in das deutsche Recht noch nicht erfolgt (vgl. a.a.O.: 60).

Die Dublin-III-Verordnung (regelt die Zuständigkeit der EU-Staaten) und die EU-Aufnahmerichtlinie in Artikel 22 fordern eine besondere Fachkenntnis vom gesetzlichen Vertreter (vgl. a.a.O.: 60). Obwohl das „Hessische Modell" vor dem Bundesgerichtshof scheiterte, welches sich auf § 1909 BGB berief und eine*n Rechtsanwalt*in als Ergänzungspfleger für den Bereich Asyl- und Ausländerrecht bestellte, reagieren die Jugendämter auf die EU-Vorgaben mit der Forderung beim Familiengericht nach Beiordnung eines erfahrenen Anwalts bzw. einer erfahrenen Anwältin für Asylrecht und organisieren Schulungsmaßnahmen für die eigenen Mitarbeiter*innen (vgl. a.a.O.: 61 f.).

Aufenthaltssicherung

Nachdem die unbegleiteten Minderjährigen vom Jugendamt dauerhaft Inobhut genommen wurden und die rechtliche Vertretung bestimmt ist, muss die Aufenthaltssicherung geklärt werden. Dabei gibt es zwei Wege. Der asylrechtliche Weg bezieht sich auf den Herkunftsstaat des unbegleiteten Minderjährigen. Der aufenthaltsrechtliche Lösungsweg fokussiert die Gründe, die in der Bundesrepublik bestehen, wie eine Ausbildung oder ein mehrjähriger Aufenthalt in Deutschland (vgl. a.a.O.: 66 f.). Die 8996 UM aus der Statistik, die 2016 keinen Asylantrag stellten (vgl. BAMF 2017), wählten mit ihrem Vormund diesen aufenthaltsrechtlichen Weg, zur Sicherung ihrer Zukunft in Deutschland.

Die neueingereisten unbegleiteten Minderjährigen erhalten zunächst eine Duldung und dann eine Aufenthaltsgestattung. Die Bescheinigung über die Meldung als Asylsuchender (BÜMA) oder der seit Februar 2016 existierende Ankunftsnachweis werden für unbegleitete Minderjährige nicht ausgestellt.

Die Duldung bescheinigt nach § 60a Abs. 2 AufenthG die vorübergehende Aussetzung der Abschiebung. Mit der Duldung verbunden ist die Auflage, dass die Aufnahme eines Praktikums oder einer Ausbildung genehmigungspflichtig ist. Die Ausländerbehörde ist dabei die entscheidende Instanz. Weiterhin sind Beschränkungen der Bewegungsfreiheit (Residenzpflicht oder Wohnsitzauflage) mit einer Duldung verknüpft (vgl. a.a.O.: 66-76).

Nach der formalen Antragstellung auf Asyl beim Bundesamt, die vom informellen Asylgesuch zu unterscheiden ist, erhalten UM von der Ausländerbehörde eine Aufenthaltsgestattung, die dann erlischt, wenn das BAMF uber den Asylantrag entschieden hat. Die unbegleiteten Minderjährigen fallen danach entweder in den Duldungszustand zurück oder erhalten eine Aufenthaltserlaubnis. Praktika und Ausbildungen werden während des Asylverfahrens von der Ausländerbehörde genehmigt. Ein Nationalpass muss gemäß § 64 Abs. 1 AsylG im Unterschied zur Duldungszeit nicht angeschafft werden (vgl. a.a.O.: 73-77).

Gibt das Bundesamt dem Asylantrag einer*s unbegleiteten Minderjährigen statt, erhält diese*r das Aufenthaltsrecht in Deutschland und weitere Rechte. Unbegleitete Minderjährige Asylbewerber*innen werden entweder zur*m „Asylberechtigten" nach Artikel 16a Abs. 1 Grundgesetz (GG) oder „Flüchtling" nach § 3 Abs. 1 des Asylgesetzes. Ein weiterer Status nennt sich „Subsidiär Schutzberechtigte" nach § 4 des Asylgesetzes (AsylG). Das Abschiebungsverbot nach § 60 Abs. 5 und 7 des Aufenthaltsgesetzes (AufenthG) ist der vierte zugestandene Flüchtlingsstatus (vgl. a.a.O.: 85).

Die Schutzform nach Art. 16a GG und § 3 Abs. 1 AsylG wurde im Asylkompromiss von 1993 stark eingeschränkt und spielt heute keine Rolle mehr. Die Einschränkung liegt am Art. 16a Abs. 2 GG, der jeden Anspruch auf politisches Asyl ausschließt, wenn ein Flüchtling über einen sicheren Drittstaat nach Deutschland einreist. Alle Nachbarstaaten von Deutschland gehören zu den sicheren Drittstaaten und verwirken damit den Rechtsanspruch auf Asyl bei Einreise auf dem Landweg (vgl. a.a.O.: 86 f.).

Die Flüchtlingseigenschaft nach der Genfer Konvention in § 3 AsylG kann als Ersatz für das zur Bedeutungslosigkeit verkommene Grundgesetz auf Asyl beschrieben werden. Der Wortlaut der Genfer Konvention wurde einleitend unter Definitionen genannt und prägt das Asylgesetz in § 3 und das Aufenthaltsgesetz in § 60 Abs. 1. Entscheidend bei der Beurteilung, ob die Flüchtlingseigenschaft zugesprochen wird, ist die begründete Furcht vor Verfolgung. UM müssen nicht in ihrem Heimatland verfolgt worden sein, um diesen Status zu bekommen. Begründete Furcht vor Verfolgung besteht auch dann, wenn z.B. ein*e Ausländer*in in Deutschland studiert und im Heimatland politische Machtwechsel geschehen, die für den*die Betroffene*n zu einer Bedrohung bei der Rückkehr werden. Solche Situationen sind insb. auch für UM bedeutsam, die in der Phase der Adoleszenz eine begründete Furcht vor Verfolgung mit einer politischen Neuorientierung, einer vertieften Hinwendung zu einer anderen Religion oder einer homosexuellen Neigung rechtfertigen können. § 28 AsylG erkennt die Tatsache ausdrücklich an, dass eine in der Bundesrepublik entwickelte politische Überzeugung zu einer Asylanerkennung führen kann (vgl. a.a.O.: 87-90).

Der subsidiäre Schutz nach § 4 AsylG soll die Genfer Flüchtlingskonvention ergänzen, indem er Menschen in Deutschland eine Bleibeperspektive gibt, die nicht individuell verfolgt werden, sondern denen bei der Rückkehr in ihr Herkunftsland ernsthafter Schaden droht. Dazu zählen die Todesstrafe, Folter oder unmenschliche und erniedrigende Behandlung oder Bestrafung, sowie eine ernsthafte Bedrohung des Lebens oder der Unversehrtheit infolge willkürlicher Gewalt, im Rahmen eines bewaffneten Konflikts. Die Einschätzung der Sicherheitslage wird von den verschiedenen Verwaltungsgerichten unterschiedlich eingeschätzt. Während der Krieg in Syrien als Bedrohung für die Zivilperson angenommen wird, sind bewaffnete Konflikte in Afghanistan und Somalia abhängig von den individuellen Umständen, wie z.B. der Herkunftsregion (vgl. a.a.O.: 104-107).

Die nationalen Abschiebungsverbote gemäß § 60 Abs. 5 und 7 AufenthG beziehen sich in Abs. 5 auf drohende Menschenrechtsverletzungen und in Abs. 7 auf die Lebensgefahr bei Verelendung und des Hungers, nicht ausreichender medizinischer Versorgung oder Naturkatastrophen (vgl. a.a.O.: 108-112).

Die Rechte von Asylberechtigten nach dem Grundgesetz und von anerkannten Flüchtlingen gemäß der Genfer Flüchtlingskonvention

sind gleich und beinhalten eine dreijährige Aufenthaltserlaubnis und finanzielle Unterstützungsleistungen (z.B. Arbeitslosengeld II, Kindergeld und BAföG) der Bundesrepublik Deutschland. Der Subsidiäre Schutz und das Abschiebungsverbot beinhalten eine einjährige Aufenthaltserlaubnis, die ggf. verlängert wird und den Zugang zu Leistungen (z.B. Erwerbstätigkeit und Integrationskurse), die auch anerkannten Flüchtlingen gewährt werden. Ausgenommen ist das Recht auf Familiennachzug und die Niederlassungserlaubnis.

Lehnt das BAMF den Asylantrag vollständig ab, wird der Antragsteller aufgefordert, Deutschland innerhalb von 4 Wochen nach Bekanntgabe der Entscheidung zu verlassen. (vgl. Flüchtlingsrat Niedersachsen 2017).

Volljährigkeit

UM sind bei ihrer Ankunft in Deutschland häufig zwischen 16 und 17 Jahre alt. Mit der Volljährigkeit endet die Zuständigkeit der staatlichen Kinder- und Jugendhilfe jedoch nicht zwingend. § 41 Abs. 1 SGB VIII gewährt Hilfen für junge Volljährige, um deren Persönlichkeitsentwicklung zu unterstützen und die eigenverantwortliche Lebensführung zu fördern. Gewährt werden Hilfen zur Erziehung, Kranken- und Unterhaltsleistungen sowie Unterstützung bei Ausbildungsmaßnahmen. Die Hilfe für junge Volljährige endet in der Regel mit dem 21. Lebensjahr (vgl. Huber u.a. 2017).

2.2.3 Gesellschaftliche Rahmenbedingungen

Die Bundesregierung nennt in ihrem Bericht über die Situation unbegleiteter ausländischer Minderjähriger in Deutschland primäre Bedarfe. Dazu zählt sie eine angemessene Unterbringung, Sprachförderung, medizinische Versorgung, Bildung, Traumatherapie, pädagogische Begleitung und die Stärkung der Resilienz (vgl. Deutscher Bundestag 2017a: 9 f.).

Pflegefamilie / Heimunterbringung

Die UM werden größtenteils in stationären Einrichtungen untergebracht. Sozialpädagogisch begleitete Wohnformen und Pflegefamilien sollen das Mindestmaß an bedarfsgerechter Unterbringung und pädagogischer Betreuung gemäß dem achten Sozialgesetzbuch (SGB VIII) gewährleisten (vgl. a.a.O.: 10).

Medizinische Versorgung

§ 40 SGB VIII regelt die Krankenhilfe für UM. Die Norm sieht vor, dass der notwendige Bedarf an Krankenhilfe in voller Höhe befriedigt werden muss. Die Bundesregierung geht einerseits davon aus, dass viele UM von traumatisierenden Erlebnissen betroffen sind, bekommt dies aber aufgrund von fehlendem Vertrauen, Sprachbarrieren und ausbleibender Diagnostik, nicht von offiziellen Stellen bestätigt (vgl. 46 f.).

Spracherwerb

Bei der Integration von UM ist das Erlernen der deutschen Sprache von zentraler Bedeutung. Der Zugang zu Sprachkursen ist teilweise verpflichtend oder durch eine Berechtigung geregelt und reicht von allgemeinen Sprachkursen bis hin zum Integrationskurs des BAMF. Ehrenamtliche Angebote, der Einsatz von Dolmetscherinnen und Dolmetschern und nicht zuletzt die Schule sollen UM beim Spracherwerb fördern (vgl. Brinks/ Dittmann/ Müller 2017: 216-223).

Schule

Die UN-Menschenrechtscharta, die UN-Sozialcharta, die UN-Kinderrechtskonvention und die EU-Menschenrechtskonvention garantieren insb. Kindern und Jugendlichen das Recht auf Bildung und den Schulzugang. Der Erwerb von Wissen und Fähigkeiten sowie Bildungszertifikaten ist eine wichtige Voraussetzung für den Zugang zu einer beruflichen Ausbildung und dem Arbeitsmarkt. Damit besitzt die Schule eine Schlüsselfunktion bei der Integration von unbegleiteten Minderjährigen (vgl. a.a.O.: 226 f.). UM haben Zugang zu den allgemeinbildenden Schulen. Für Jugendliche im Alter zwischen 17-18 Jahren gibt es in den Bundesländern Sprach- und Integrationsunterricht an beruflichen Schulen (vgl. Deutscher Bundestag 2017a: 76). Die unterschiedliche Vorbildung der unbegleiteten Minderjährigen, die vom Analphabeten bis zum Gymnasiasten reicht, erfordert darüber hinaus weitere spezifische Unterstützungsangebote (vgl. a.a.O.: 64).

Die meisten UM sind laut Statistik Jugendliche im Alter von 16-17 Jahren, wenn sie nach Deutschland kommen. Für junge Volljährige endet die allgemeine Schulpflicht mit dem 18. Lebensjahr und damit die Chance in das Schulsystem zu gelangen (vgl. a.a.O.: 28).

Ausbildung / Arbeit

Die Heterogenität unter den unbegleiteten Minderjährigen in Bezug zur schulischen Vorbildung wirkt sich auch auf den Bereich der beruflichen Ausbildung aus. Mangelnde Kenntnisse der deutschen Sprache und Rechtschreibung sind ein Hindernis, das die Kommunikation in Ausbildungsbetrieb und Berufsschule sowie einen erfolgreichen Abschluss verhindert. Weiterhin verringert ein ungeklärter Aufenthaltsstatus die Chance auf einen Ausbildungsplatz. Zugleich lastet auf unbegleiteten Minderjährigen der Druck, ihre Familien im Herkunftsland zu unterstützen (vgl. a.a.O.: 77).

Einflüsse durch die Familie

Der Einfluss der Familie auf die unbegleiteten Minderjährigen ist groß. Mobiltelefon und Internet ermöglichen die Kontaktaufnahme mit Familienangehörigen in den Herkunftsländern. Wenn UM ihren Angehörigen von dem Leben in Deutschland berichten, können diese die Schilderungen nicht unbedingt nachvollziehen. Die Erwartungen der gesamten Familie an die Minderjährigen sind hoch und betreffen finanzielle Unterstützung und den Familiennachzug. Wenn die eigene Familie in Kriegsgebieten lebt oder in Flüchtlingslagern unter prekären Bedingungen ausharren muss, dann wird dies zur Belastungsprobe für das Familienmitglied im sicheren Deutschland (vgl. Schneck 2017: 44 f.).

Steht die Volljährigkeit des unbegleiteten Minderjährigen unmittelbar bevor, ist ein Familiennachzug nicht umsetzbar, denn es dauert Monate bis die Behörden die Fälle bearbeitet haben. Ein gesicherter Aufenthaltsstatus ist eine weitere Bedingung für den Familiennachzug (vgl. Hocks 2017: 212).

Der 18. Geburtstag wird durch die Nichterfüllung des Familienauftrags für die betroffenen ehemaligen unbegleiteten Minderjährigen zum Tag der Hoffnungslosigkeit, der Scham und des Selbsthasses (vgl. Schneck 2017: 45).

Kann der Kontakt zur Familie nicht aufrechterhalten werden oder gelten Angehörige als vermisst, quälen sich viele UM mit dieser uneindeutigen Verlustsituation.

Sind Angehörige definitiv verstorben, entwickeln UM ggf. ambivalente Gefühle gegenüber dem Glück, überlebt zu haben. Der psychische Zustand von innerer

Zerrissenheit und Schuldgefühlen in Bezug auf das eigene Leben, kann die Folge sein (vgl. a.a.O.: 46 f.).

2.2.4 Fluchterfahrungen und Erwartungen der Aufnahmegesellschaft

Exemplarisch werden hier Fluchterfahrungen von 4 unbegleiteten Minderjährige aus einer Jugendhilfeeinrichtung in Sachen-Anhalt dargestellt:

Über die Flucht reflektierend berichtet M., 17 Jahre alt aus Eritrea: „Die Wüste war das Schlimmste, was ich in meinem Leben durchmachen musste. Sonne, Hitze, Staub und kein Wasser. Wir waren viele und ungeschützt auf der Ladefläche des Pick-ups. Manche sind während der Fahrt bewusstlos vom Wagen gefallen".

S., 17 Jahre alt, berichtet von seiner Flucht aus Eritrea: „Mein Vater ist als Soldat gefallen. Ich habe Eritrea verlassen, um nicht zwangsrekrutiert zu werden. In Libyen bin ich in Gefangenschaft geraten. Dort haben sie mich mit heißem Plastik und heißem Draht gefoltert, weil das Lösegeld nicht ankam."

O., 15 Jahre erzählt: „Al Shabaab hat meinen Vater vor den Augen meiner Familie erschossen. Meine Mutter ist verrückt geworden und weggerannt. Ich habe mich viele Monate um meine Geschwister gekümmert. Irgendwann bin ich auch aus Somalia geflohen. Ich hatte kein Geld und musste für einen Schleuser arbeiten, bis ich die Überfahrt bezahlen konnte. Ich habe in dieser Zeit viele Menschen ertrinken sehen. Mein Kopf ist voll mit schrecklichen Bildern. In der Schule in Deutschland kann ich mich nicht konzentrieren".

H., 16 Jahre alt: „Ich komme aus Afghanistan und war 8 Monate auf der Flucht. In den Bergen in der Türkei habe ich viele Tote gesehen. Obwohl ich von Schleusern ausgeraubt wurde, hatte ich Glück, denn ich bin auf der Reise nicht krank geworden und hatte keinen Unfall".

Eine Flucht dauert in vielen Fällen jahrelang. Flüchtlinge riskieren dabei ihr Leben. Die Flucht ist oftmals nicht einmal gut vorbereitet (vgl. Schneck 2017: 25). „Insbesondere junge Flüchtlinge aus afrikanischen Ländern fliehen planlos ins Ungewisse" (ebd.).

Jeder Flüchtling kämpft um das eigene Überleben. Häufig fliehen unbegleiteten Minderjährigen alleine. Manchmal finden sie auf der Reise eine Vertrauens- und Bezugsperson oder sie verlieren diese.

Um legal mit dem Flugzeug nach Europa reisen zu können, müssen Flüchtlinge ein Visum haben. Da Visa kaum zu bekommen sind, nehmen Flüchtlinge den illegalen

Weg mit Hilfe von Schleuserbanden in Pick-ups durch die Wüste und in Schlauchbooten über das Mittelmeer (vgl. ebd.).

Haben UM die Flucht bewältigen können, treffen sie im Aufnahmeland auf heterogene Bedingungen und Erwartungen.

Im Jahre 2017 ist die deutsche Gesellschaft gespalten. UM erfahren in Deutschland auf der einen Seite die sogenannte „Willkommenskultur", die von Menschen personifiziert wird, die den neu Ankommenden offen begegnen, sich für sie interessieren und ihnen helfen. Kultureller Austausch und die Veränderung der Gesellschaft wird begrüßt. Andererseits gibt es weite Teile in der deutschen Bevölkerung, die den unbegleiteten Minderjährigen misstrauisch gegenüberstehen und Anpassungsleistungen von den Zugereisten erwarten (vgl. Schneck 2017: ...).

Nach terroristischen Anschlägen, die mit Anhängern des Terrornetzwerks Islamischer Staat in Verbindung gebracht wurden, sagen laut Statistik von Infratest 46 Prozent der Befragten, dass sie sich große Sorgen machen wegen des Einflusses des Islam in Deutschland (vgl. Infratest 2017).

Im gleichen Zeitraum fragte Infratest nach den Ansichten zum Thema Flüchtlinge. Demnach wollten 71 Prozent eine Begrenzung der Anzahl an Flüchtlingen in Deutschland und 90 Prozent eine schnelle Abschiebung von abgelehnten Asylbewerbern (vgl. ebd.)

Die gesellschaftliche Veränderung spiegelt sich auch im Erfolg der populistischen und fremdenfeindlichen Partei Alternative für Deutschland (AfD), die bei der Bundestagswahl 2017 als drittstärkste Kraft hervorgeht (vgl. ebd.)

Für die unbegleiteten Minderjährigen wirkt sich die veränderte gesellschaftliche Stimmungslage z.B. durch einen Vorstoß der Ministerpräsidenten der Länder aus. Diese forderten im Oktober 2016 die Bundesregierung auf, rechtliche Rahmenbedingungen zu erarbeiten, die die Kostendynamik im Zusammenhang mit den unbegleiteten Minderjährigen begrenzen und die Leistung „Jugendwohnen" beschreiben sollen (vgl. Timm, Andreas 2016).

Der Paritätische Gesamtverband, der Deutsche Kinderschutzbund, das Deutsche Kinderhilfswerk, die Internationale Gesellschaft für erzieherische Hilfen und Pro Asyl kritisierten in einer gemeinsamen Pressemitteilung das Ansuchen der Ministerpräsidenten. Mit dem Verweis auf einen Verstoß gegen die UN-Kinderrechtskonvention lehnten sie die Unterscheidung von unbegleiteten Minderjährigen und in Deutschland geborenen Kindern und Jugendlichen ab. Die Organisationen sahen in dieser Ungleichbehandlung eine Diskriminierung der unbegleiteten Minderjährigen und die Schaffung eines Zwei-Klassen-Systems in der Kinder- und Jugendhilfe (vgl. Pro Asyl 2017).

2.3 Innere Prozesse von unbegleiteten Minderjährigen

UM verhalten sich unterschiedlich. Während einige von ihnen neben der Schule untätig in der Jugendhilfeeinrichtung herumsitzen oder schlafen, spielen andere Fußball im ortsansässigen Verein. Obwohl die Kinder- und Jugendhilfe viele Möglichkeiten der gesellschaftlichen Teilhabe bietet, nutzen nicht alle das Angebot, welches ihnen zur Verfügung steht. Ist Lethargie oder die Angst vor der Fremde der Grund für das Verhalten? Wirken traumatische Erfahrungen, altersbedingte Verhaltensweisen oder ein Konglomerat aus allem?

2.3.1 Lebensphase Jugend

Die überwiegende Zahl der unbegleiteten Minderjährigen ist laut Statistik männlich. Die Jungen sind zwischen 14 und 18 Jahre alt (vgl. Deutscher Bundestag 2017a: 5).

Die Themen dieser Entwicklungsphase sind bei den unbegleiteten Jungen und den unbegleiteten Mädchen die „normalen" Entwicklungsthemen. Dazu gehören die Ablösung von den Eltern, die Orientierung an der Peergroup, die Körperentwicklung, Pubertät, Sexualität, sexuelle Orientierung, Sehnsucht nach einer Liebesbeziehung und die berufliche Zukunft (vgl. Winter 2017).

Die eigene Identität entwickelt sich. Regeln und Grenzen im sozialen Miteinander werden getestet. Im Austesten von Grenzen, erfahren Jugendliche ihre eigene Selbstwirksamkeit. Die Auswirkungen des eigenen Handelns zu erfahren, fördert die Fähigkeit, Folgen und Risiken einschätzen zu lernen und damit die Reflexionsfähigkeit. Bevormundung und mangelnde Möglichkeiten der Teilhabe können in der Adoleszenz zu vermehrtem oppositionellen Verhalten führen (vgl. Görner 2011: 20).

Das Thema Männlichkeit ist bei den unbegleiteten Jungen kulturell geprägt und führt zu Konflikten, wenn Tätigkeiten auszuführen sind, die die unbegleiteten Jungen dem „Weiblichen" zuordnen. Die Weigerung die Toilette zu reinigen, das Zimmer zu putzen, zu kochen, den Tisch zu decken, das Geschirr zu spülen, die Wäsche zu waschen oder sich beim Urinieren hinzusetzen, sind die Folge dieser kulturellen Prägung. Kulturelle Männlichkeitsbilder eignen sich außerdem als Vorwand, um sich vor den erwähnten Arbeiten zu drücken (vgl. ebd).

Eine weitere Folge von kulturell geprägten Männlichkeitsbildern, ist die abwertende Haltung gegenüber Mädchen und Frauen, die oft als Dienerinnen angesehen und nicht ernst genommen werden. Dies äußert sich in Situationen, wenn Betreuerinnen klare Ansagen machen und die Jugendlichen diese ignorieren (vgl. ebd.).

2.3.2 Stressoren

Komplexität des Alltags

Wenn das Alltagsleben nicht verstanden wird, ist es schwierig sich in Deutschland einzugewöhnen. Neuankömmlinge machen täglich die Erfahrung etwas „falsch" zu machen, weil das Wissen über die Alltagsregeln fehlt (vgl. Schneck 2017: 64 f.). Deutsch zu lernen, ist nicht für alle unbegleiteten Minderjährigen einfach. Die Sprachbarriere führt zu einem „Nicht-verstehen-können".

Stress durch Bürokratie

Das Amtsdeutsch ist nicht nur für UM eine Herausforderung, die Stress auslösen kann. Betreuer*innen mildern diese Belastung, indem sie die amtlichen Schreiben persönlich übergeben und bei deren Bearbeitung helfen (vgl. a.a.O.: 65).

Stress durch Angst vor Abschiebung

Staatliche Gewalt erfahren Asylsuchende in Deutschland bei der Abschiebung. UM sind davor bis zur Volljährigkeit geschützt.

Die Vorstellung einer Rückführung in das Herkunftsland macht vielen unbegleiteten Minderjährigen dennoch Angst. Eine Aufenthaltsberechtigung beruhigt in diesem Zusammenhang nicht, weil sie zeitlich befristet ist, sondern dehnt den Zustand der Ungewissheit und der Angst vor Abschiebung über Jahre hinweg aus. Die anhaltende Stresssituation verhindert eine Entspannung, die eine wichtige Voraussetzung für die Rehabilitation der Traumasymptomatik ist (vgl. a.a.O.: 66 f.).

Perspektivlosigkeit

Wenn UM die Erfahrung machen, dass sie in der Schule nicht lernen können oder wenn sie keinen Ausbildungsplatz finden und sich benachteiligt fühlen, kann eine große Wut auf die eigene Lebenssituation entstehen. Frustrationsgefühle können zur Verbitterung werden und in Selbst- und Fremdgefährdung münden (vgl. a.a.O.: 67 f.).

2.3.3 Trauma – die seelische Wunde

„Die meisten der Flüchtlinge, die nach Deutschland (...) kommen, sind traumatisiert" (Baer/ Frick-Baer 2016: 8, Auslassungen: J.R.), steht in dem Buch „Flucht und Trauma".

Trauma wird hier als seelische Wunde beschrieben, die zwei Merkmale kennzeichnen. Ein Kennzeichen ist die existenzielle Bedrohung. Das zweite Kennzeichen die Überforderung des Individuums. Traumata wirken sich darüber hinaus nachhaltig auf das Leben der Betroffenen aus. Existenzielle Bedrohungen können bei den unbegleiteten Minderjährigen durch die Lebenslagen in den Herkunftsländern erzeugt werden, durch Erlebnisse während der Flucht und durch Bedingungen im Aufnahmeland. Selbst wenn UM nicht unmittelbar von einer existenziellen Bedrohung betroffen sind, kann alleine die Zeugenschaft dazu führen, dass sie co-traumatisiert werden (a.a.O.: 28 ff.).

Auf dem Boden einer bereits bestehenden psychischen Verletzlichkeit können sich, lediglich durch das Hören vom Schicksal nahestehender Personen, psychopathologische Reaktionen entwickeln. Dazu zählen Ängste, Trauer, emotionale Instabilität, Gefühlsausbrüche, Denkstörungen, Gedächtnislücken, Konzentrationsstörungen, Schlafstörungen und andere psychosomatische Symptome, die den Körper betreffen, wie z.B. Kopf- und Bauchschmerzen. Psychopathologische Reaktionen sind „normal" und vergehen früher oder später (vgl. Loew 2017: 46 ff.). Bestehen die Symptome länger als eine Woche, sprechen Mediziner von einer „Anpassungsstörung" und nach einigen Monaten von einer posttraumatischen Belastungsstörung, kurz PTBS (vgl. a.a.O.: 48 f.).

Entscheidender Faktor für die Entwicklung eines Traumas ist die Überforderung des Individuums. Ist der menschliche Organismus von einer existenziell bedrohlichen Situation überfordert, tritt ein Notfallprogramm in Kraft, das durch eine Gehirnregion gesteuert wird, die sich der bewussten Kontrolle entzieht. Die Vernunft tritt in diesen Momenten in den Hintergrund und vier Reaktionsmuster werden möglich, die die Psychotraumatologie als Kämpfen, Fliehen, Erstarren oder Abspalten bezeichnet. Wenn ein Mensch in einer existenziell bedrohlichen Situation weder kämpfen, noch fliehen kann, führt dies zur Erstarrung. Unerträgliches kann jetzt ertragen werden. Das Bewusstsein erlebt das Geschehen nur teilweise, weil weite Teile sozusagen abgeschaltet sind. Bewusstes Erinnern wird dabei unmöglich. Diese Abspaltung, in der Fachsprache als Dissoziation bezeichnet, führt z.B. dazu, dass sich Folteropfer nicht mehr an die Foltermomente erinnern können, obwohl ihr Körper Folterspuren aufweist (vgl. Baer et al. 2016: 30-34).

UM, die sich in deutschen Jugendhilfeeinrichtungen gegen Betreuer*innen auflehnen, aggressiv sind oder miteinander kämpfen, nutzen den Kampf als eine biologische Bewältigungsform, die der unmittelbaren Angst- bzw. Stressreduktion dient. UM die stumm dasitzen und vor sich hinstarren, kommen nicht unbedingt zur Ruhe, sondern nutzen das Reaktionsmuster des Erstarrens, um einer belastenden Situation zu begegnen. Aggressivität oder der Totstell-Reflex sind aber keine geeigneten Methoden, um damit langfristig den Herausforderungen des Lebens begegnen zu können (vgl. Loew 2017: 65 f.).

Die meisten unbegleiteten Minderjährigen erleben nicht nur ein traumatisches Ereignis vor, während und nach der Flucht, sondern mehrere. Die Folgen der traumatischen Gesamtbelastung gehen weit über die einzelne Erfahrung hinaus (vgl. Baer et al. 2016: 64 f.).

Zusätzlich belasten die Postmigrationsstressoren. Dazu zählen sozioökonomische Stressoren wie der Familiennachzug und die finanzielle Versorgung der Familie; soziale Stressoren wie die Familientrennung, die Sorge um Zurückgebliebene, soziale Isolation, Diskriminierung und der Verlust der sozialen Identität oder Stressoren im Kontext des Asylverfahrens (vgl. Knaevelsrud 2017).

„Neun von zehn Menschen können auch schlimmste Ereignisse [...] verarbeiten, ohne eine Pathologie zu entwickeln" (Loew 2017: 49, Auslassungen: J.R.).

Die Frage, wieso die Mehrheit der Menschen nach einem traumatischen Ereignis keine Traumafolgestörung entwickelt, führt zum Thema „Resilienz" (vgl. Schneck 2017: 72).

3 Resilienz

3.1 Merkmale von Resilienz

Im Englischen steht „resilience" für „Widerstandskraft, Zähigkeit und Durchhaltevermögen" (vgl. Pons 2017). Resilienz ist demnach die Fähigkeit, belastenden Lebensumständen und Stress widerstehen zu können.

Die Bundeszentrale für gesundheitliche Aufklärung (BZgA) versteht unter Resilienz ein hochkomplexes Zusammenspiel aus Merkmalen des Kindes und seiner Lebensumwelt (vgl. Bengel/ Meinders-Lücking/ Rottmann 2009: 20). Sie unterscheidet bei der Anpassungsleistung einer Person zwischen externalen und internalen Kriterien. Während externale Kriterien auf der Fähigkeit eines Kindes beruhen, in seiner sozialen Umwelt zu funktionieren, beziehen sich internale Kriterien auf das Wohlbefinden des Kindes (vgl. ebd.). Erscheinungsformen von Resilienz sind nach Wustmann (2005): „eine positive, gesunde Entwicklung trotz hohem Risikostatus (z.B. chronische Armut), beständige Kompetenz unter akuten Stressbedingungen (z.B. elterliche Trennung oder Scheidung) und die positive bzw. schnelle Erholung von traumatischen Erlebnissen (z.B. Gewalterfahrungen)" (ebd.).

Fröhlich-Gildehoff und Rönnau-Böse beschreiben Resilienz als eine gesunde psychische Entwicklung, trotz gravierender Belastungen oder widriger Lebensumstände. Resilienz ist keine angeborene Eigenschaft, sondern ein variabler und kontextabhängiger Prozess (vgl. Fröhlich-Gildhoff/ Rönnau-Böse 2014: 9). Ein Mensch kann sich in einer Belastungssituation als resilient erweisen, in einer anderen Situation nicht. Eine immerwährende Unverwundbarkeit gibt es nicht (vgl. a.a.O.: 10).

Ein weiteres Merkmal von Resilienz ist die aktive Regulierung der Umwelt durch resiliente Menschen. Diese aktive Umweltbeeinflussung wird als dynamischer Entwicklungsprozess beschrieben, der abhängig von den Bewältigungsprozessen ist, die erfolgreich sein können oder nicht (vgl. ebd.). Wenn eine Situation nicht bewältigt werden kann, wirkt sich dies negativ auf resilientes Verhalten aus. Verläuft der Bewältigungsprozess positiv, wird diese Erfahrung motivierend sein, auch bei zukünftigen Problemlagen, die eigenen Widerstandskräfte zu mobilisieren.

Zentral ist die Frage nach den Faktoren, die Kindern, Jugendlichen und Erwachsenen Stabilität verleihen.

3.2 Protektive Faktoren

Eines der ersten „Schutzfaktorenmodelle" war das Salutogenesemodell von Antonowsky, welches die Frage untersuchte, welche Faktoren krank bzw. gesund machen und was Schutzfaktoren sind. Die neurologische, psychologische und molekularbiologische Forschung beschäftigt sich mittlerweile unter den Begriffen „gesundheitliche Schutz-, Protektiv- oder Resilienzfaktoren" intensiv mit Schutzfaktoren (vgl. Bengel et al. 2009: 10).

Die schützenden (protektiven) Faktoren, die die Widerstandsfähigkeit gegenüber Belastung unterstützen, wurden in verschiedenen Langzeitstudien auf der ganzen Welt festgestellt (vgl. Fröhlich-Gildhoff/ Rönnau-Böse 2014: 9).

3.2.1 Die 6 Kernkompetenzen der Resilienz

Die Analyse von 19 Langzeitstudien zu Resilienz, einer Querschnittsstudie und die Auswertung von bedeutenden Überblicksarbeiten zur Thematik ergaben sechs Kompetenzen, die für die Entwicklung von Resilienz besonders bedeutsam sind. Um Krisensituationen, Entwicklungsaufgaben und kritische Alltagssituationen bewältigen zu können, brauchen die Betroffenen die Fähigkeit zur Selbst- bzw. Fremdwahrnehmung, die Kompetenz der Selbststeuerung, die Erfahrung der eigenen Selbstwirksamkeit, Soziale Kompetenzen, die adaptive Bewältigungskompetenz und Problemlöseverhalten (vgl. Fröhlich-Gildhoff/ Rönnau-Böse 2014: 40 ff.).

Bei der *Selbstwahrnehmung* stehen die eigenen Emotionen und Gedanken im Vordergrund. Gleichzeitig ist die Fremdwahrnehmung wichtig und die Fähigkeit, sich selbst in Beziehung setzen zu können (vgl. a.a.O.: 42 f.).

Die *Selbststeuerung* ermöglicht den Personen, Emotionen zu kontrollieren (vgl. a.a.O.: 47). [1]

Selbstwirksamkeit ist die Gewissheit, Anforderungssituationen bewältigen zu können. Sie beinhaltet Selbstständigkeit, positive Selbsteinschätzung und Kontrollüberzeugung (vgl. a.a.O.: 45).

---

[1] Ein Kind lernt die emotionale Selbstregulation von Geburt an, insb. in der Beziehung mit den Eltern und anderen Bezugspersonen. Die Fähigkeit der Gefühlsregulation ist daher stark von den Bezugspersonen abhängig (vgl. ebd.).

Soziale Kompetenzen beinhalten die Fähigkeit zu Empathie, Informationsverarbeitung und Kommunikation sowie das Vorhandensein nicht aggressiver Verhaltensstrategien, eine angemessene Selbstbehauptung und die Fähigkeit zur Selbsteinschätzung (vgl. a.a.O.: 49 ff.).

Die *adaptive Bewältigungskompetenz* ist die Fähigkeit mit Stress umgehen zu können, beinhaltet die richtige Deutung einer Situation sowie die Entwicklung und aktive Durchführung einer geeigneten Bewältigungsstrategie (vgl. Braun 2014: 26 ff.).

Das Stressempfinden und die Situationsbewertung hängt von dem subjektiven Empfinden der Betroffenen ab. Das subjektive Empfinden ist an die Lebenserfahrung, der kognitiven Informationsverarbeitung und die Emotionsregulation gebunden (vgl. Fröhlich-Gildhoff/ Rönnau-Böse 2014: 52).

Bewältigungsstrategien werden unterschieden in „offene Handlungen", die „Problemlöseverhalten, Vermeidungs-, Flucht- und Angriffsverhalten, Suche nach sozialer Unterstützung, Entspannungsübungen oder Konsum von Genussmitteln" (Aßhauer et al. 1999: 15, zit. in: ebd.) umfassen und „innere psychische Vorgänge", zu denen "Verdrängung, Verharmlosung, Ablenkung, Selbstbemitleidung oder positive Selbstermutigung" (ebd.) zählt.

Wenn ein Mensch in belastenden Situationen angemessene Entscheidungen treffen kann und aktiv Lösungen entwickelt, zeigt sich darin die *Problemlösefähigkeit* (vgl. Braun 2014: 26 ff.).

Laux (1992) unterteilt die Problemlösefähigkeit in 5 Teilkompetenzen. Dazu zählt er die Entdeckungs-, Zielfindungs-, Planungs-, Entscheidungs- und Handlungskompetenz (vgl. Fröhlich-Gildhoff/ Rönnau-Böse 2014: 53 f.). Planungskompetenz beinhaltet die Analyse eigener Ressourcen, das Verstehen von Sachverhalten, den Rückgriff auf vorhandenes Wissen und die Entwicklung und Umsetzung von Handlungsmöglichkeiten (vgl. a.a.O.: 54).

Die beschriebenen Kompetenzen stehen miteinander in Verbindung und werden von einem Menschen durch die Bewältigung von altersspezifischen Entwicklungsaufgaben erworben (vgl. Fröhlich-Gildhoff/ Rönnau-Böse 2014: 40 f.).

3.2.2 Weitere personale Schutzfaktoren

Neben diesen besonderen personalen Resilienzfaktoren gibt es weitere empirisch belegte individuelle Schutzfaktoren, die die Bewältigungsfähigkeit von Krisensituationen fördern. Dazu zählen beispielsweise ein positives Selbstkonzept, Optimismus, Zielorientierung, Kreativität, Hobbys und Leistungsbereitschaft, die mit den zehn Lebenskompetenzen der Weltgesundheitsorganisation einhergehen (vgl. ebd.).

Die zehn „life skills" umfassen neben Selbstwahrnehmung, Empathie, kreativen und kritischem Denken, die Entscheidungs-, Problemlöse-, Kommunikations- und Beziehungsfertigkeit, sowie die Gefühl- und Stressbewältigung (vgl. a.a.O.: 41).

Resilienzfaktoren unterscheiden sich von personalen Schutzfaktoren, indem sie erworben werden können und nicht angeboren sind (vgl. a.a.O.: 40).

3.2.3 Soziale Schutzfaktoren

Darüber hinaus fand Wustmann (2004), nach einer umfassenden Literaturrecherche, weitere Schutzfaktoren im sozialen Bereich. Innerhalb der mikrosozialen Ebene Familie sind das, neben weiteren Faktoren, eine stabile Bezugsperson, ein autoritativ-demokratischer Erziehungsstil, enge Geschwisterbindungen, altersangemessene Verpflichtungen des Kindes im Haushalt und ein unterstützendes familiäres Netzwerk. Innerhalb der Bildungsinstitutionen zählt Wustmann, neben weiteren Kriterien, positive Peerkontakte bzw. Freundschaftsbeziehungen und ein wertschätzendes Klima als sozialen Schutzfaktor auf. Im Kontext des weiteren sozialen Umfelds (Makroebene) benennt Wustmann positive Vorbilder, Angebote auf kommunaler Ebene (z.B. durch Beratungsstellen), Beschäftigungs- bzw. Arbeitsmöglichkeiten und prosoziale gesellschaftliche Normen und Werte als Resilienz fördernde soziale Ressourcen (vgl. a.a.O.: 28 f.).

Schutzfaktoren werden in engeren Definitionen nur dann als solche bezeichnet, wenn eine gesunde Entwicklung durch Risikofaktoren gefährdet ist. Ohne Risikofaktoren werden Schutzfaktoren zu begünstigenden Faktoren (vgl. a.a.O.: 27).

Die BZgA sieht in der Heterogenität der Begrifflichkeiten, die in der Literatur vorherrscht, eine begriffliche und inhaltliche Unklarheit (vgl. Bengel et al. 2009: 19).

3.3 Risikofaktoren

Risikofaktoren sind Vulnerabilitätsfaktoren und psychosoziale Stressoren der Umwelt. Vulnerabilitätsfaktoren umfassen primär psychologische und genetische Faktoren, wie z.B. chronische Krankheit oder verminderte Intelligenz. Sekundäre Vulnerabilitätsfaktoren beziehen sich auf unsichere Bindungskonstellationen und eine geringe Selbstregulationsfähigkeit (vgl. Fröhlich-Gildhoff/ Rönnau-Böse 2014: 20 f.).

Psychosoziale Stressoren umfassen nach Wustmann (2004) neben anderen Kriterien chronische familiäre Disharmonie, elterliche Scheidung, Drogen- bzw. Alkoholmissbrauch der Eltern, psychische Störungen der Eltern, ein niedriger sozio-ökonomischer Status, ein aversives Wohnumfeld (hoher Kriminalitätsanteil in Wohngegend), Obdachlosigkeit, Erziehungsdefizite, niedriges Bildungsniveau, Mobbing, Migrationshintergründe und eine außerfamiliäre Kindesunterbringung (vgl. Wustmann 2004: 38-39, zit. in: Fröhlich-Gildhoff/ Rönnau-Böse 2014: 21 f.).

Traumatische Erlebnisse, wie Gewalt, sexueller Missbrauch, Kriegs- und Terrorerlebnisse sowie Naturkatastrophen bezeichnet Wustmann (2004) als besonders schwerwiegende Risikofaktoren (vgl. Wustmann 2004, zit. in: Fröhlich-Gildhoff/ Rönnau-Böse 2014: 22).

Psychosoziale Risikofaktoren wirken sich im Vergleich zu den Vulnerabilitätsfaktoren stärker auf eine ungünstige kognitive und sozio-emotionale Entwicklung aus (vgl. Fröhlich-Gildhoff/ Rönnau-Böse 2014: 20). Es existieren noch weitere Klassifizierungen von Risikofaktoren, auf die in dieser Arbeit nicht eingegangen wird.

In Phasen erhöhter Vulnerabilität sind Menschen besonders „verwundbar". Die Zeit der Adoleszenz gehört z.B. zu diesen Übergangsphasen (Transitionen), oder der Übergang von der Schule in die berufliche Ausbildung (vgl. a.a.O.: 24).

UM sind daher stark gefährdet, denn die Jugendlichen befinden sich außerfamiliär untergebracht in der Pubertät, als junge Volljährige in der Übergangsphase von der Schule zur Ausbildung und zudem schwerwiegend belastet durch traumatische Erlebnisse.

In solchen risikoreichen Phasen steigt die Wahrscheinlichkeit des Entstehens einer unangepassten Entwicklung oder das Entstehen einer psychischen Störung (vgl. ebd.).

Ob Risikofaktoren die Entwicklung von Personen beeinträchtigen hängt von verschiedenen Aspekten ab. Die Kumulation (Anhäufung) von Stressoren, wie bereits unter dem Abschnitt Trauma erwähnt, führt häufiger zu psychischen Störungen, als bei nur einem Stressor. Weiterhin spielt die Dauer der Belastung eine große Rolle, das Alter und der Entwicklungsstand[2] des Menschen, geschlechtsspezifi-

---

[2] Belastungen bei der Geburt und im Säuglingsalter sind besonders schwerwiegend. In der Kindheit sind familiäre Risiken von Bedeutung und im Jugendalter die Peergroup.

sche Aspekte[3] sowie die subjektive Bewertung der belastenden Situation (vgl. a.a.O.: 24 ff.).

Risikofaktoren stehen den Schutzfaktoren einerseits diametral gegenüber und beeinflussen sich andererseits gegenseitig (vgl. a.a.O.: 19). Schutz- und Risikofaktoren stehen in einem wechselseitigen und komplexen Prozess zueinander (vgl. Braun 2014: 25).

Auf den unsicheren Aufenthaltsstatus der unbegleiteten Minderjährigen übertragen bedeutet das Konzept der Wechselseitigkeit von Schutz- und Risikofaktoren, dass eine Aufenthaltsberechtigung nach der deutschen Gesetzgebung für UM generell ein Schutzfaktor ist. Gleichzeitig ist sie ein Risikofaktor, weil der zeitlich begrenzte Aufenthaltsstatus den Zustand der Ungewissheit und der Angst vor Abschiebung über Jahre hinweg ausdehnt, wie bereits in dem Kapitel innere Prozesse von unbegleiteten Minderjährigen erwähnt.

Ein weiteres Beispiel für die Wechselwirkung von Schutz- und Risikofaktor ist die Peergroup. Im Rahmen der Resilienzforschung gilt die Einbindung in eine Peergroup für belastete Heranwachsende als wichtiger Schutzfaktor (vgl. Werner, E. E. zit. in Weeber & Gögercin 2014: 94). Für unbegleitete Minderjährige bietet eine Gleichaltrigengruppe mit der gleichen Herkunft zudem differenzierten emotionalen Austausch in der Heimatsprache. Richtet sich der Fokus der Peergroup auf Zugehörigkeit, Kompetenzentwicklung und Selbstfindung in der Lebensphase Adoleszenz, ist sie signifikant förderlich (vgl. Weeber & Gögercin 2014: 94).

Gerät der gemeinsame Missbrauch von Alkohol- bzw. Drogen in das Zentrum der Zusammenkünfte, oder die gemeinsame Ablehnung der schulischen Ausbildung, wird die Gleichaltrigengruppe vom Schutz- zum Risikofaktor für den einzelnen unbegleiteten Minderjährigen.

Risiko- und Schutzfaktoren beeinflussen sich gegenseitig und ergeben in ihrem Zusammenwirken die Vulnerabilität und die Resilienz eines Menschen (vgl. Fröhlich-Gildhoff/ Rönnau-Böse 2014: 33).

---

[3] Jungen sind in der Kindheit besonders anfällig für Risikofaktoren, Mädchen in der Pubertät und Männer im Erwachsenenalter.

3.4 Schutzfaktor Beziehung

Manche Schutzfaktoren haben mehr Einfluss auf die Entwicklung als andere. Sichere Bindungen haben eine entscheidende Schutzfunktion. Ein wichtiges Kriterium dieser Bindungen sind die Kontinuität, der Respekt und Wertschätzung (vgl. a.a.O.: 30 f.). Der differenzierte emotionale Austausch mit nahestehenden und vertrauten Personen hilft den unbegleiteten Minderjährigen dabei, Erlebnisse und Vorstellungen zu verarbeiten. Die Erfahrung von Mitgefühl und Zuneigung in der Peergroup, durch Freunde-innen, eine*n Partner*in, Familie, Lehrer*innen oder Bezugsbetreuer*innen, erlauben eine positive Entwicklung, in der das eigene Leben erkundet und bewältigt werden kann.

Die prominenten Bindungsforscher Karin und Klaus Grossmann postulieren im Zusammenhang mit den individuellen Schutzfaktoren die Aussage, dass psychische Sicherheit nur in Beziehungen entsteht. Nach Auffassung der beiden Forscher kann das Resilienzkonzept daher auf individueller Ebene nichts erklären (vgl. Grossmann 2007: 32).

„Positive Abwehr" im Sinne einer konstruktiven Anpassungsleistung scheinen in ihren Untersuchungen nur in sicheren Beziehungen vorzukommen und beruhen auf Humor, Reflexivität, Altruismus und Sublimation[4] (vgl. a.a.O.: 33).

Es ist naheliegend zu behaupten, dass die Herstellung von verlässlichen und unterstützenden sozialen Bindungen im Kontext der Flüchtlingshilfe umso bedeutungsvoller wird, je mehr belastende Erfahrungen ein UM auf der Flucht gemacht hat. Die Inobhutnahme durch das Jugendamt und die stationäre Unterbringung ist aber nur bedingt ein Schutzfaktor. Wenn übergriffiges Verhalten durch Bindungspersonen (Mitbewohner-innen oder Betreuer*innen) in den Einrichtungen Angst und Schmerz in den Betroffenen verursachen oder durch Zurückweisung das Bindungssystem von Kindern und Jugendlichen aktiviert wird, dann ist die, dem Kindeswohl verpflichtete Kinder- und Jugendhilfe in Form der stationären Heimunterbringung Schutz- und Risikofaktor zugleich und führt zu der Situation, dass UM von Bezugspersonen gequält werden, die sie zugleich am meisten brauchen.

---

[4] Sublimation ist die Fähigkeit, für den Verzicht auf abgelehnte Wünsche einen Ausgleich hervorzubringen zu können (vgl. Online Lexikon für Psychologie und Pädagogik).

Das beschriebene konkrete Beispiel zeigt, dass die Lebenssituation von Betroffenen dabei hilft, die Qualitäten eines Schutz- bzw. Risikofaktors zu beurteilen und die möglichen Auswirkungen erkennen zu können.

Die Verschiedenheit der Auswirkungen wird „Heterogenität der Effekte" genannt (vgl. Fröhlich-Gildhoff/ Rönnau-Böse 2014: 31). Alter, Geschlecht und kultureller Hintergrund sind bei der differenzierten Betrachtung der Effekte zu berücksichtigen (vgl. a.a.O.: 30).

Für Fachkräfte der Sozialen Arbeit stellt die entscheidende Schutzfunktion von Bindungen einen entscheidenden Ansatzpunkt dar. Professionelle sollten Fähigkeiten besitzen bzw. schulen, die für den Aufbau tragfähiger, positiver, kontinuierlicher und unterstützender Beziehungen notwendig sind. Dazu gehören Fähigkeiten wie Empathie, Offenheit, Kommunikationsfähigkeit, Geduld, Flexibilität, Toleranz und Konfliktfähigkeit.

Die umfassende Analyse der letzten fünfzig Jahre Resilienzforschung von Suniya Luthar (2006) kommt zu dem Schluss, dass Resilienz grundlegend auf Beziehungen beruht (vgl. Luthar 2006: 780, zit. in Fröhlich-Gildhoff/ Rönnau-Böse 2014: 31).

3.5 Resilienz ist Haltung und Fähigkeit – eine personale Ressource

Die erfolgreiche Bewältigung von Risikofaktoren ist die Voraussetzung für einen Zuwachs an Resilienz (vgl. Gruhl 2014: 23). Dabei spielt die Geisteshaltung eine wichtige Rolle (vgl. a.a.O.: 17). Die Art der Wahrnehmung entscheidet darüber, ob eine Erfahrung als Herausforderung, neue Möglichkeit oder Bedrohung wahrgenommen wird (vgl. a.a.O.: 20). Die Spezialistin für Resilienz, Monika Gruhl, sieht in Resilienz „[...] mehr als mit dem Dasein zurechtzukommen und sein Leben unter Schadensbegrenzung irgendwie zu bewältigen" (a.a.O.: 23 f., Auslassungen: J.R.). Resilient sein bedeutet aus ihrer Sicht, zu gedeihen und Vitalität, Stärke und Lebensmut zu haben (vgl. a.a.O.: 24).

Resilienz beruht nach der Auffassung von Gruhl auf 3 Grundhaltungen, die Optimismus, Akzeptanz und Lösungsorientierung umfassen (vgl. a.a.O.: 25).

Während Optimisten in Krisensituationen Lösungsstrategien entwickeln, fokussieren Pessimisten die Schwierigkeiten. Besitzt ein Mensch eine optimistische Haltung, dann setzt diese positive Grundstimmung mentale Energien für kreative Lösungen frei. Ein positives Selbstbild und ein positives Selbstwertgefühl machen resiliente Personen weitgehend unabhängig von äußeren Einflüssen. Schicksalsschläge oder Misserfolge werden nicht auf persönliches Versagen zurückgeführt. Die eigene Unzulänglichkeit und Begrenztheit wird nicht geleugnet, stattdessen wird an die Selbstwirksamkeit geglaubt und aktiv nach Lösungswegen gesucht (vgl. a.a.O.: 26-31).

„Akzeptanz bedeutet nicht, sich fatalistisch in alles zu fügen" (a.a.O.: 35).

Die Eigenschaft der Akzeptanz hilft Menschen stattdessen, unabänderliche Gegebenheiten zu verarbeiten und zu integrieren (vgl. a.a.O.: 34). Dabei brauchen die Betroffenen Geduld, um den Verarbeitungsprozessen die nötige Zeit einräumen zu können (vgl. a.a.O.: 36).

Akzeptanz beinhaltet weiterhin die Versöhnung mit eigenen ungeliebten Anteilen sowie die Freiheit von der Identifikation mit Vorurteilen und Schamgefühlen (vgl. a.a.O.: 40).

Eine an Lösungen orientierte Haltung macht Probleme zu Herausforderungen. Die Analyse der Ursachen von Problemen tritt in den Hintergrund und die Lösungsfindung in den Hauptfokus der Aufmerksamkeit (vgl. a.a.O.: 45 f.).

Diese 3 Grundhaltungen sind nach Monika Gruhl die Basis für die Entwicklung von Fähigkeiten, mit denen resiliente Menschen den Herausforderungen des Lebens begegnen. Sie zählt zu diesen Fähigkeiten die Selbstregulation, Eigenverantwortung, Beziehungs- und Zukunftsgestaltung (vgl. a.a.O.: 57-106). Wichtiger als das Vorhandensein einer dominierenden Haltung oder Fähigkeit, ist nach Gruhl eine ausgewogene Mischung der Resilienzfaktoren in einer Person (vgl. a.a.O.: 109). Die Qualitäten bilden im Menschen eine starke und wirksame Kraft, wenn sie in Balance sind (vgl. a.a.O.: 114). Diese Balance hilft nicht nur Personen, die Verluste erlitten haben, traumatisiert oder psychisch krank sind, sondern auch Menschen, die diese Personen betreuen. Resilient sein bedeutet nicht, immer stark sein zu müssen. Vielmehr ist es ein sich immer wieder gegenseitig stärken können (vgl. a.a.O.: 117 ff.).

4 Resilienzförderung von unbegleiteten Minderjährigen

Dieser Abschnitt beschäftigt sich mit der Frage, wie Resilienz gefördert werden kann. In diesem Zusammenhang gibt es verschiedene Projekte, Programme und Kurse in Deutschland. Diese können nach den Entwicklungsphasen unterschieden werden oder nach Alter, Geschlecht, kulturellen Hintergrund und Risikobelastung.

Programme der Resilienzförderung werden in der Regel dem Bereich der Prävention und Gesundheitsförderung zugeschrieben. Ziel dieser Programme ist die Stärkung der personalen und sozialen Schutzfaktoren.

Drei Bausteine sind bei der Programmentwicklung für die Resilienzförderung zentral: eine sichere Bindung, ein positives Selbstwertgefühl und das Gefühl der Selbstwirksamkeit (vgl. Fröhlich-Gildhoff/ Rönnau-Böse 2014: 63).

Die meisten Programme haben nicht explizit Resilienzförderung als Hauptziel, sondern fokussieren stattdessen einzelne Resilienzfaktoren, wie z.B. die Förderung von sozialer Kompetenz (vgl. a.a.O.: 64).

Als anregendes Beispiel wird eine Studie zur Stärkung individueller Kompetenzen durch Kunsttherapie von unbegleiteten Mädchen in den Abschnitten 3.1 bis 3.3 vorgestellt. Die Kunsttherapie entwickelt Handlungsansätze, die auch für Fachkräfte der Sozialen Arbeit interessant und hilfreich sind. Die Methoden, die in der Studie vorgestellt werden, sind in abgewandelter Form auch im Kontext der Kinder- und Jugendhilfe nutzbar. Das Besondere an den Methoden ist ihre weitgehende Unabhängigkeit von Sprache. Der sprachliche Ausdruck steht in der Kunsttherapie und in der Kunstpädagogik nicht im Zentrum der Arbeit. Das Merkmal der Sprachunabhängigkeit unterstützt die Arbeit mit unbegleiteten Minderjährigen sehr, weil UM häufig mit der sprachlichen Anschlussfähigkeit kämpfen.

Kunstpädagogik ist nicht gleich Kunsttherapie. Die Grenzen sind fließend. Pädagogische Fachkräfte müssen im Rahmen der praktischen Arbeit unbedingt die Grenzen zur Therapie berücksichtigen. Der Erwerb einer professionellen Methodenkompetenz erfordert in dem Zusammenhang mit Kunsttherapie eine Weiterbildung im entsprechenden Segment.

Abschnitt 3.4 bezieht sich auf die Stärkung der Resilienz durch die Gestaltung einer förderlichen sozialen Umwelt.

4.1 Individuelle Kompetenzförderung durch Kunsttherapie mit minderjährigen Migrantinnen

Die Studie „Kunsttherapie mit jungen Flüchtlingsfrauen" von Nele Heriniaina erforschte Möglichkeiten, um die Widerstandsfähigkeit von minderjährigen Migrantinnen angesichts schwieriger Lebenslagen, durch kunsttherapeutische Arbeit zu fördern (vgl. Heriniaina 2010: 3).

Unter Berücksichtigung der Wechselseitigkeit von Schutzfaktoren knüpfte die Kunsttherapeutin an protektive Faktoren an, in denen sie eine besondere Relevanz für die Zielgruppe der jungen[5] Flüchtlingsfrauen entdeckte (vgl. a.a.O.: 52).

Heriniaina wählte folgende Resilienzfaktoren aus: Bindung, Kontrollüberzeugung, Identität, gute Erinnerungen und Kreativität (vgl. a.a.O.: 52-55).

4.1.1 Relevanz der Resilienzfaktoren für minderjährige Migrantinnen

Die entscheidende Bedeutung von *Bindung* als Schutzfaktor wurde im gleichnamigen Kapitel bereits beschrieben. Für die jungen Flüchtlingsfrauen ist er von zentraler Bedeutung, weil sie nahe Bindungspersonen verloren haben. Im Zufluchtsland leben die minderjährigen Frauen häufig isoliert. Folter und Missbrauch haben die Beziehungsfähigkeit verletzt und die Betroffenen traumatisiert.

Das Vertrauen in Bindungen zur eigenen Familie oder zu Freunden wird durch den Verlust von nahestehenden Personen sowie Schuld- und Schamgefühle erschüttert (vgl. a.a.O.: 36).

In dieser Lebenslage der jungen Frauen liefern der Schutzfaktor Bindung und Beziehung einen wichtigen Beitrag für die Heilung von psychopathologischen Reaktionen oder eines Traumas. Der Aufbau von Vertrauen in Beziehungen ist daher Therapieziel und die Voraussetzung für den Schutzfaktor Beziehungsfähigkeit. Beziehungsfähigkeit erleichtert das Ankommen in Deutschland und die Integration in die deutsche Gesellschaft (vgl. a.a.O.: 52 f.)

In der Phase der Adoleszenz ist die Erfahrung der eigenen *Selbstwirksamkeit* besonders wichtig. An der Schwelle zur Volljährigkeit sind Autonomiebestrebungen normal und förderlich bei der Verselbständigung. Junge Flüchtlingsfrauen machen stattdessen auf der Flucht die Erfahrung von Ohnmacht und Ausgeliefert-

---

[5] Das Adjektiv „jung" bedeutet hier jugendlich. Es bezieht sich auf keine präzise Altersspanne, sondern auf die Lebensphase der Jugend (vgl. ebd.).

sein. In Deutschland angekommen sind sie durch die rechtliche Lage zu Passivität gezwungen. Eine Therapie fördert daher Aktivität und Handlungskompetenz der Betroffenen. Sie knüpft an vorhandene Stärken an und bietet Einfluss- und Entscheidungsmöglichkeiten (vgl. a.a.O.: 53 f.).

Im Jugendalter ist eine zentrale Entwicklungsaufgabe, ein positives und *realistisches Selbstbild* zu formen. Wenn Grenzerfahrungen, ungewöhnliche eigene Verhaltensweisen in Extremsituationen oder belastende Erlebnisse im Heimatland oder auf der Flucht die eigene Identität in Frage stellen, werden unterstützende Maßnahmen notwendig, die den Schutzfaktor positives Selbstkonzept stärken. (vgl. a.a.O.: 54).

Heriniaina führt einen zusätzlichen Schutzfaktor ein, den sie *„gute Erinnerung"* nennt. Als Gegengewicht zu belastenden Gedanken sollen gute Gedanken die Identitätsentwicklung positiv beeinflussen. Erinnerungen an schöne Erlebnisse vor der Flucht sollen den jungen Frauen Kraft geben, sich an die eigenen Stärken im Umgang mit Herausforderungen zu erinnern und eine optimistische Lebenseinstellung zu fördern. Gute Erinnerungen stärken den Resilienzfaktor adaptive Bewältigungskompetenz (vgl. a.a.O.: 54 f.).

Den Schutzfaktor *Kreativität* sieht Heriniaina im Zusammenhang mit Anpassung und Überlebensfähigkeit. Weil Flüchtlingen in Deutschland viele Möglichkeiten der Entfaltung versperrt sind, braucht es das eigene kreative Potential, um neue Wege zu entwickeln und gehen zu können. Kreativität fördert die zentralen Resilienzfaktoren Selbstbehauptung als soziale Bewältigungskompetenz und das Problemlöseverhalten (vgl. a.a.O.: 55).

4.1.2 Kunsttherapeutische Maßnahmen zur Unterstützung der Resilienzfaktoren

Nele Heriniaina entwickelte in ihrer Studie kunsttherapeutische Interventionen, die in diesem Abschnitt zusammengefasst werden sollen. Die Interventionen sind an den Bedarfen der jungen Migrantinnen ausgerichtet.

4.1.2.1 Förderung von Bindung

Der Schutzfaktor *Bindung* steht an erster Stelle, weil er die Voraussetzung jeder Therapie ist. Er umfasst die Beziehungsgestaltung und die Gestaltung von Beheimatung. Im Therapiekontext betrifft Beziehungsgestaltung die Beziehung zu den Gruppenmitgliedern, zur Therapeutin bzw. dem Therapeuten und zu imaginären Personen oder Wesen. Die Beheimatung betrifft die Bindung zu einem Ort.

Rituale

Eine Methode, die die Bindungsfähigkeit fördert ist die Durchführung von Gruppenritualen. Rituale geben Halt und schaffen das Zusammengehörigkeitsgefühl in einer Gemeinschaft. Wichtig sind im therapeutischen Rahmen Ankunfts- und Abschiedsrituale, wobei insbesondere Abschiedsrituale für Flüchtlinge von Bedeutung sind, weil in deren Fluchtgeschichte oftmals kein Abschied möglich war. Die Klientinnen werden durch das Kreieren von Abschiedsritualen aktiviert, sich mit dem Thema Abschied zu befassen und fördern durch die reflexive Beschäftigung ihre soziale Kompetenz sowie ihre adaptive Bewältigungskompetenz. Schenkrituale und das Feiern von traditionellen Festen, wie Weihnachten oder dem Zuckerfest sowie Rituale der guten Wünsche für den Lebensweg oder die Kreation von Symbolen , ermöglichen positive Gemeinschaftserfahrungen und spenden Trost (vgl. a.a.O.: 84 f.).

Dialogisches Gestalten

Kommunikation und Dialog sind wichtige Komponenten von Beziehung. In einer heterogenen Gruppe, in der die Teilnehmerinnen verschiedene Sprachen sprechen, unterstützt das dialogische Gestalten die nonverbale Ebene. In einer Übungssequenz werden den Teilnehmerinnen ein gemeinsames Blatt Papier und verschiedene Farben zur Verfügung gestellt. Eine Person beginnt zu malen, die anderen folgen in abwechselnder Reihenfolge. Die Kommunikation findet verbal oder nonverbal statt. Wenn bei diesen Übungen Grenzüberschreitungen oder Aggressionen entstehen, ist das für manche Klientinnen beängstigend oder konfliktbesetzt und liefert Ansatzpunkte für die weitere therapeutische Arbeit. (vgl. a.a.O.: 85 f.).

Im sogenannten „Beziehungsbild" (Baer 2004: 130) malen die Klienten*innen in einer Paarübung zunächst jeweils eine Hälfte des Blattes für sich und gestalten im zweiten Schritt den Raum zwischen den zwei Bildern. Die Teilnehmer*innen lernen dadurch, sich als erstes auf sich selbst beziehen zu müssen, bevor sie in Beziehung treten. Dies ist ein wichtiger Lernschritt für minderjährige Frauen, die gelernt haben, sich ihrem gegenüber anpassen zu müssen, um das Leben bewältigen zu können (vgl. a.a.O.: 88).

Die Erweiterung der dialogischen Partnerarbeit ist die dialogische Arbeit in der Gruppe. Die Gruppe malt gemeinsam auf einem Papier und kommuniziert auf diese Weise miteinander, obwohl die Teilnehmer*innen eine unterschiedliche Sprache sprechen (vgl. a.a.O.: 88 f.).

Imaginierte Bindung

Imaginiert werden Helferwesen oder innere Eltern, die die Betroffenen schützen und unterstützen. Es wird die Fähigkeit resilienter Kinder genutzt, sich selbst Bindungen auszusuchen. Materialisiert werden die imaginären Wesen zu Glücksbringern. UM müssen mit der Ungewissheit umgehen, ob geliebte Menschen noch am Leben sind. Der Abwesenheit dieser Personen trotzend, hilft imaginierte Bindung bei der Aufrechterhaltung des Kontakts zu ihnen. Offene Prozesse mit Verstorbenen können abgeschlossen werden (vgl. a.a.O.: 92 ff.).

Bindung und aktive Verortung

Die Imagination eines „sicheren Ortes" nährt das Bedürfnis nach Geborgenheit. Durch die bildnerische Umsetzung des imaginierten sicheren Ortes, wird dieser visuell verfügbar. Ein beliebtes Bild für Heimat und Sicherheit ist das Haus. Die Ausgestaltung von Pappkarton-Häusern wird z.B. in einer Gruppenarbeit in einem Flüchtlingslager zum Gegenbild der erlebten Zerstörung. Das symbolische Einrichten eines Hauses als sicheren Ort im Zufluchtsland hilft Flüchtlingen innerlich, den äußerlich schwierigen Bedingungen widerstehen zu können (vgl. a.a.O.: 95 ff.).

Sich selbst in der Fremde beheimaten kann auch durch das Herstellen einer Naturplastik geschehen, einer Skulptur zum Thema „Heimat und Fremde" oder die Suche nach den schönsten Orten der Umgebung für Fotoaufnahmen.

4.1.2.2 Förderung von Kontrollüberzeugung

Das Bild vom Haus mit vielen Zimmern, in denen jeweils eine Emotion wohnt, ist die bildnerische Darstellung der raumeinnehmenden Emotionen in dem Bewusstsein, dass gleichzeitig noch weitere Emotionen vorhanden sind. Wenn traumatisierte UM bedrückende Gefühle bewältigen müssen, die sich vermischen und zu einer unkontrollierbaren Belastung werden können, wirkt das Gefühlshaus ordnend und hilft bei der Rückgewinnung der Kontrolle über die eigenen Emotionen (vgl. a.a.O.: 100 f.).

Das Schlagen von Ton ist eine kreative Methode, um Wut und Aggressionen zu kanalisieren und transformieren.

Wenn Flüchtlingsfrauen unter Schlaflosigkeit leiden, empfiehlt sich die Methode „nächtliche Tagebücher" (Wendlandt-Baumeister 2005, zit. in: Heriniaina 2010: 102) zu schreiben. Ängste können durch das Aufschreiben oder Malen bewältigt werden und Veränderungen anhand des Tagebuchs nachvollzogen werden. Dem Symptom wird so die Übermächtigkeit genommen (vgl. ebd.).

Bei der Bewältigung von Alpträumen hilft nach Baer (2004) das „Traumfresserchen". Es kann gemalt, geformt oder genäht werden. „Die Idee des Traumfresserchens stammt aus einem Kinderbuch, in welchem eine Prinzessin durch ein Wesen, das sich von Träumen ernährt, von ihren Alpträumen befreit wird" (ebd). Ein Angstfresserchen ist ein Anker, der die Betroffenen in der Nacht stabilisieren kann (vgl. Baer 2004: 175 f., zit. in: Heriniaina 2010: 102).

Förderung von Ressourcen

Im Zentrum von Kontrollüberzeugung steht die die Entdeckung der eigenen Stärke, Wünsche und Zukunftsträume.

Die Auseinandersetzung mit den eigenen Fähigkeiten bietet die Methode „Ressourcenkoffer" von Reddemann (2001). Die Teilnehmer*innen sammeln unter diesem Titel Situationen in ihrem Leben, die sie erfolgreich bewältigt haben (vgl. Reddemann 2001: 28, zit. in: Heriniaina 2010: 102 f.).

Die Idee kann eine Anregung für Bilder und Zeichnungen sein oder für die Herstellung von Symbolen, die in einem materiellen Koffer aufbewahrt werden (vgl. a.a.O.: 103).

Unter dem Titel „Eine Heldin auf der Suche nach ihrem Schatz" (Lücke 2005: 143, zit. in: Heriniaina 2010: 103), können die Teilnehmer*innen ihre Stärken aufspüren, die der Schatz symbolisiert. Wenn der Schatz in einer Truhe verschlossen oder vergraben ist, müssen die Klienten*innen einen Zugang finden oder auf Schatzsuche gehen (vgl. ebd.).

Die Gestaltung eines Schutzschilds, auf dessen Außenseite die Stärken symbolisch gemalt werden, vermittelt Sicherheit und stabilisiert. Das kreative Schaffen macht Kompetenzen der Teilnehmer*innen sichtbar, die sonst keine Beachtung finden. Wenn eigene Ressourcen aufgespürt und gewürdigt werden, entsteht in den Betroffenen das Bewusstsein, ihr Leben kontrollieren zu können. Ressourcenfindung fördert dadurch die Kontrollüberzeugung (vgl. a.a.O.: 103 f.).

Wunscherfüllung mit Symbolen

Im künstlerischen Raum ist alles möglich. In ihm geschieht auch Wunscherfüllung. Ein Schutzschild wie auch ein Zauberstab können als Form dienen, die Betroffene an ihre Ressourcen erinnert. Der Zauberstab symbolisiert dabei die eigene Kraft, Wünsche wahr werden lassen zu können. Die bildnerische Wunscherfüllung ist fassbarer als das reine Träumen. Sie regt die Klienten*innen an sich mit ihren Wünschen zu beschäftigen und diese zunächst als Bild zu manifestieren (vgl. 105 f.).

Wünsche sind auf die Zukunft gerichtet und insb. für Kinder und Jugendliche in belasteten Situationen ist Zukunftsplanung unerlässlich (vgl. Wintsch 2007: 220, zit. in: Heriniaina 2010: 105).

Veränderungsprozesse und Wirksamkeitserfahrung

Wenn Klienten*innen im künstlerischen Prozess Dinge gestalten, Materialien verformen und in etwas Neues verwandeln, erfahren sie ihre eigene Kraft, Macht und Wirksamkeit (vgl. a.a.O.: 106).

4.1.2.3 Förderung von Identität

Die Förderung der Identität ist ein zentraler Resilienzfaktor in Bezug zu den minderjährigen Flüchtlingsfrauen. Ein niederschwelliger Zugang zur Identität ist der eigene Name. Der Name begleitet einen Menschen seit der Geburt. Er ist eine Konstante und verbindet die Zeit vor und nach der Flucht. Selbstportraits und Fotos sind Hilfsmittel, um mit der eigenen äußeren Erscheinung in Kontakt zu kommen (vgl. a.a.O.: 106-110).

Körperidentität

In der Arbeit mit dem eigenen Körper ist bei jungen Migrantinnen der Zusammenhang mit Schmerzen und Traumata zu berücksichtigen, als Folge von Vergewaltigungen, Gefangennahme und Folter. Der Körper ist Träger des seelischen Leides. Um eine liebevolle Annahme von schmerzenden Körperteilen zu ermöglichen, verbildlicht die Kunsttherapie die Schmerzstellen auf einem Körperumriss und verwandelt diese bildhaft in künstlerische Oasen (vgl. a.a.O.: 110 ff.).

Sexuelle Identität

Die Entdeckung der eigenen sexuellen Identität findet in der Entwicklungsphase Jugend statt. Mit Blick auf die Missbrauchserfahrungen von minderjährigen Migrantinnen ist dieses Thema sehr sensibel und belastet. In der Kunsttherapie wird die Entdeckung des Frauseins durch die bildnerische Beschäftigung mit dem Thema Weiblichkeit veranlasst. Die Herstellung einer Collage aus Darstellungen zum Thema Frausein, erzeugt die intensive Beschäftigung mit dem Thema weibliche Identität. In der Arbeit mit Ton lässt sich das Thema Weiblichkeit in Bezug zur Männlichkeit plastisch darstellen (vgl. a.a.O.: 114 f.).

Kulturelle Identität

Für die Integration der neuen Kultur des Aufnahmelandes nutzt die Kunsttherapie das Bild einer Brücke. Die Brücke als Bild kann zum Selbstbild von Migrantinnen werden, die eine Verbindung herstellen, zu unzusammenhängenden Teilen des Ich. Die Herstellung einer Brückenlandschaft als Gruppenarbeit ist daher ein Mittel, um Beziehung herzustellen und Trennendes zu überwinden (vgl. a.a.O.: 115 f.).

Projektion von Anteilen der Identität

Um Klienten*innen vor ungewollter Selbstoffenbarung zu schützen, nutzt die Kunsttherapie die Möglichkeit, eigene Anteile auf etwas projizieren zu können, wie z.B. ein Tier oder einen Baum. Das Bild vom Baum kann viel über eine Person aussagen, wenn Wurzeln, Stamm, Krone, Früchte und Verletzungen des Baums von Teilnehmern*innen dargestellt werden (vgl. a.a.O.: 116 f.).

Maskenbau

Masken sind eine geeignete Projektionsfläche für das eigene Wunschbild, als Gegenbild zu sich selbst oder für eine neue Identität (vgl. Trüg 2005: 97, zit. in: Herniaina 2010: 117).

Masken sind traditionell mit Musik und Tanz verbunden. Dementsprechend kann an den Maskenbau, ein Tanz-, Musik- oder Theaterprojekt anschließen (vgl. a.a.O.: 118).

Masken können zu einer Erzählung führen. Die Erzählung mit Geschichten oder Märchen aus der Heimat in Verbindung stehen.

Identifikation mit Protagonisten

Märchen bieten positive Identifikationsmodelle für die Identität. Protagonisten, die losziehen, um ihr Schicksal zu ändern, offenbaren Parallelen zu den Erlebnissen von Migranten*innen. Ein Märchen mit gutem Ende vermittelt Hoffnung (vgl. ebd.).

„Außerdem schildern sie nicht selten resiliente Prozesse, wie bei Dornröschen, indem die Verwünschung abgemildert und so eine Gelegenheit zur Reifung gegeben wird (vgl. Bertolaso 2004: 111, zit. in: Heriniaina 2010: 119).

4.1.2.4 Förderung von guten Erinnerungen

Um gute Erinnerungen zu fördern , eignen sich Fotoalben oder die Methode „Lebenspanorama". Der Fokus liegt bei dieser Übung auf schönen Momenten, die bildhaft dargestellt werden. Diese Übungen helfen den Klienten*innen schöne Momente in ihrem Leben zu erinnern. Die Förderung von guten Erinnerungen vollzieht sich daher in der Vergangenheit und zugleich in der Zukunft. Dies geschieht, indem positive Gruppenerlebnisse im Aufnahmeland zu positiven Erinnerungen werden und ein aktuelles „Gute-Tage-Buch" Anker in belastenden Zeiten sein kann (vgl. a.a.O.: 119-124).

4.1.2.5 Förderung von Kreativität

Die 2 Aspekte von Kreativität sind: Kreativität als Überlebensstrategie durch kreative Anpassungsleistungen zu sehen oder Kreativität als nicht lebensnotwendiges spielen zu definieren (vgl. Kruse 1997: 15, zit. in: Heriniaina 2010: 124). Die Loslösung von bekannten Denk- und Handlungsweisen wird durch freies und autonomes Gestalten gefördert. Ein geschütztes, offenes Experimentierfeld weckt die Neugier an kreativen Gestaltungsmöglichkeiten. Diese Gestaltungsmöglichkeiten beziehen neben der Kunst auch Musik, Theater, Bewegung und Literatur mit ein (vgl. a.a.O.: 124).

Eine Methode aus der Kunsttherapie, welche künstlerische Aktivität aktiviert und dabei alte Denkmuster auflöst, ist die Collagetechnik. Alte Formen werden durch Ausschneiden oder Ausreißen aufgelöst und durch das Aufkleben auf einem anderen Papier in einem neuen Zusammenhang neu kombiniert (vgl. a.a.O.: 128).

4.2 Resilienzförderung von Jugendlichen durch die Gestaltung einer förderlichen Umwelt

Für Jugendliche stellen z.B. Schulen und Jugendzentren soziale Bewältigungsressourcen zur Verfügung, wenn sie in ein Netzwerk von Unterstützungsangeboten eingebettet sind, die die kulturelle Vielfalt berücksichtigen (vgl. Rönnau-Böse/ Fröhlich-Gildhoff 2015: 109 f.).

Gemeinden, die Resilienz fördern, verfügen nach Benard (1991) über soziale Organisationen, die für die Jugendlichen konkrete Unterstützungsangebote bereithalten, welche deren seelische Gesundheit fördern (vgl. Benard 1991, zit. in: Rönnau-Böse/ Fröhlich-Gildhoff 2015: 110).

Jugendliche brauchen Raum, um unter sich sein zu können und die Möglichkeit , Netzwerke zu knüpfen. Jugendzentren eröffnen diese Möglichkeit und bieten darüber hinaus Partizipations- und Gestaltungsmöglichkeiten (vgl. Rönnau-Böse/ Fröhlich-Gildhoff 2015: 110 f.)

Die Schaffung einer sicheren und anregenden schulischen Umwelt hat für Jugendliche eine Resilienz fördernde Wirkung. Verlässliche Beziehungen zu den Lehrern*innen fördern die Resilienz von Jugendlichen, wie auch stabile Beziehungen zu anderen Personen und Professionellen, die auf gegenseitiger Akzeptanz beruhen (vgl. ebd.).

In der Gemeinde können soziale Normen den Jugendlichen Orientierung geben, wenn diese von der Community authentisch vorgelebt werden (vgl. ebd.).

Fachkräfte der Jugendsozialarbeit sind als Ansprechpartner der Jugendlichen aufgefordert, in der Übergangsphase Schule-Beruf, klientenorientiert zu handeln und individuelle und passgenaue Unterstützungsformate zu entwickeln (vgl. a.a.O.: 111).

Das Erfassen von personalen und umweltbezogenen Ressourcen hilft Ansatzpunkte für Interventionen zu erkennen (vgl. a.a.O.: 112).

Die Begegnungshaltung von (professionellen) Erwachsenen beinhaltet Offenheit, Geduld, Akzeptanz, Wertschätzung und Verstehen (vgl. ebd.).

„Stärkeorientierte Beratung" basiert nach Steinebach (2013) auf den Kernkonzepten der positiven Jugendpsychologie, die die zentralen Bedürfnisse von Jugendlichen nach Kompetenz, Vertrauen, Bindung, Charakterstärken und Sorge für andere umfasst (vgl. Steinebach 2013: 51, zit. in: Rönnau-Böse/ Fröhlich-Gildhoff 2015: 112).

Steinebach nennt 3 Perspektiven, aus denen sich Ressourcenförderung gestalten lassen. Die entwicklungsorientierte Perspektive versucht die Ziele mit individuellen und umweltseitigen Mitteln zu erreichen. Die bedürfnisorientierte Perspektive macht das Bedürfnis nach Selbstbestimmung, Bindung und Kompetenzerleben der Jugendlichen zur Grundlage von Begegnung und Beratung. Die ressourcenorientierte Perspektive betrachtet die Stärkung von individuellen und sozialen Ressourcen der Jugendlichen (vgl. a.a.O.: 58, zit. in: ebd.).

5 Spezifika in der Sozialen Arbeit mit unbegleiteten Minderjährigen

Geht es bei unbegleiteten Minderjährigen um ein besonderes Klientel Sozialer Arbeit? Sind UM in erster Linie Kinder und Jugendliche mit Unterstützungsbedarf oder Flüchtlinge in komplexen Lebenslagen? Sind die Besonderheiten der Zielgruppe nur scheinbar spezifisch und problematisch? Der folgende Abschnitt untersucht spezifische Aspekte der Lebenslagen von unbegleiteten Minderjährigen und stellt sie in den Zusammenhang mit Sozialer Arbeit. Abschnitt 4.1 erläutert spezifische Bedarfe von unbegleiteten minderjährigen Mädchen und Abschnitt 4.2 die spezifischen Bedarfe von unbegleiteten minderjährigen Jungen. Beide Texte berücksichtigen dabei individuelle und umweltseitige Aspekte von Resilienzförderung. Abschnitt 4.3 thematisiert die Relevanz von Spracherwerb für UM und die Wechselseitigkeit des Schutzfaktors Smartphone. Unter 4.4 werden Resilienz fördernde Strategien genannt, die angesichts fehlender Therapieplätze für traumatisierte UM auch von Laien vermittelt werden können. Abschnitt 4.5 stellt wichtige Aspekte der Sozialisierung dar. Unter 4.6 findet sich der Einfluss der Religion und 4.7 beschreibt die damit verbundene Kindeswohlgefährdung und skizziert die Gefahr durch Rechtsextremismus. Abschnitt 4.8 erwähnt kurz den Grenzbereich der Sozialpädagogik.

5.1 Spezifische Bedarfe von unbegleiteten minderjährigen Mädchen

Im Jahr 2015 waren 9 Prozent der eingereisten Minderjährigen weiblichen Geschlechts (vgl. Deutscher Bundestag 2017a: 5).

Sie haben ein Recht auf Inobhutnahme und Leistungen der Kinder- und Jugendhilfe, die das Geschlecht bei der Unterbringung berücksichtigt (vgl. Fatnassi 2013: 84, zit. in Hartwig 2017).

In der Studie zur Resilienzförderung von jungen Flüchtlingsfrauen wurden bereits einige Bedürfnisse, Bedarfe und Bewältigungsaufgaben von unbegleiteten Mädchen genannt. Dazu gehören unter anderem die Orientierung an Peers mit zunehmender Ablösung von den Eltern, die Herausbildung einer eigenen Identität, insb. die eigene Geschlechtsidentität, die Lebens- und Berufsplanung sowie die Entwicklung von Vorstellungen vom Frau-Sein und eines glücklichen Lebens (vgl. Hartwig 2017).

Risikofaktoren sind für die jungen Frauen die traumatischen Erfahrungen in der Prä-, Post- und Migrationsphase, der unsichere Aufenthaltsstatus und der Verlust familiärer Bindungen.

Fehlende Therapie erhöht in diesem Zusammenhang die Gefahr der (Re-) Viktimisierung (vgl. ebd.).

In der offenen Jugendarbeit ist die Integration von unbegleiteten minderjährigen Mädchen durch eine interkulturelle Öffnung des Angebots möglich, z.B. indem mehrsprachige Informationen bzw. Informationsveranstaltungen gedruckt werden.

Wenn unbegleitete minderjährige Mädchen in ihrer Autonomie bestärkt werden sollen, sind Nischen der Selbstbestimmung und des eigenen Ausprobierens mit anderen Mädchen notwendig. Mädchen mit Fluchterfahrungen sollten im Rahmen der offenen Jugendarbeit Räumlichkeiten und Unterstützung erhalten, um ihre eigenen Themen besprechen und bewältigen zu können (vgl. ebd.).

In der Schule bieten sich interkulturelle Mädchentreffs oder Patenschaften durch andere Schülerinnen an, um die Sozialintegration der unbegleiteten minderjährigen Mädchen als Voraussetzung für den Bildungserfolg zu fördern (vgl. ebd.).

5.2 Spezifische Bedarfe von unbegleiteten minderjährigen Jungen

Möglichkeiten der Selbstbestimmung wollen auch männliche UM. Die Themen männlicher Körper, Vaterschaft, Berufswahl, Aggression, Sexualität und Freundschaft erörtern sie lieber im „homosozialen Kontext" (vgl. Winter 2017).

Methoden, die die Identitätsbildung und die Auseinandersetzung mit genderrelevanten Themen fördern, sollten für die Jungen attraktiv und nicht sprachdominiert sein. Attraktiv sind nach Auffassung von Winter „[...] erlebnisorientierte Aktivitäten wie Sport, Ausflüge, Naturerfahrung, Kämpfen, Technik, Aufgaben oder Wettbewerb [..]" (vgl. ebd., Auslassungen J.R.). Die gemeinsamen Unternehmungen der Jungen mit den Pädagogen*innen werden zur Basis für vertrauensvolle Beziehungen und eröffnen Erfahrungsräume, in denen Männlichkeitsbilder durch gemeinsame Reflexion verändert werden können. Wäsche waschen wird dann von einer Tätigkeit der Frauen, zu einem Akt der eigenen Autonomie und freiwillig von jungen Männern ausgeführt (vgl. ebd.).

5.3 Sprachliche Anschlussfähigkeit

Bei der Ankunft in Deutschland beherrschen UM in der Regel nicht die deutsche Sprache. Pädagogische Fachkräfte sprechen wiederum nicht die Sprache der jungen Flüchtlinge. Die Kommunikation gestaltet sich entsprechend schwierig. Moderne Kommunikationsmittel mit Übersetzungsfunktion helfen nur bedingt weiter. Das gleiche gilt für Zweitsprachen wie z.B. Englisch. Dolmetscher*innen sind, wenn überhaupt, nur selten verfügbar. Die Gefahr von Missverständnissen ist groß und wird durch kulturelle Unterschiede oder genderspezifische Sozialisation erhöht (vgl. Gravelmann 2016: 67)

Kommunikationsversuche verlangen von Sender und Empfänger erhöhte Aufmerksamkeit, eine schnelle Auffassungsgabe und viel Übung (vgl. a.a.O.: 68). In der Zusammenarbeit mit Dolmetschern*innen sind Vorabsprachen notwendig (vgl. ebd.).

Im Kontext der Jugendhilfe „ist es naheliegend, andere junge Flüchtlinge einzusetzen, die die deutsche Sprache bereits besser beherrschen" (a.a.O.: 71). Eine mögliche Überforderung der Dolmetschenden muss dabei berücksichtigt werden (vgl. ebd.). Dolmetschende Ehrenamtliche unterliegen der Schweigepflicht und müssen das schriftlich erklären (vgl. a.a.O.: 72).

Die Bundesregierung hebt die Bedeutung der neuen Medien im 14. Kinder- und Jugendbericht hervor. Das Internet und die sozialen Netzwerke spielen bei der Bewältigung zentraler Entwicklungsaufgaben eine erhebliche Rolle (vgl. a.a.O.: 75 f.).

Die Entwicklungsaufgaben von unbegleiteten Minderjährigen umfassen wie bereits an anderen Stellen beschrieben, insbesondere das Streben nach Autonomie und Selbstbestimmung, die Gestaltung sozialer Beziehungen und die Verwirklichung von Teilhabe (vgl. a.a.O.: 76).

Unbegleiteten Minderjährigen ermöglichen die neuen Medien zudem Peerkontakte, Mobilität und den Kontakt zur Familie, Verwandten, Freunden im Heimatland (sofern Verbindungen möglich sind) (vgl. ebd.).

Die heilige Kuh unter den neuen Medien ist das Smartphone. Mit dem Smartphone wurde die Flucht organisiert. Es speichert Erinnerungen in Form von Fotos und Videos, ist Lernmedium beim Spracherwerb, dient der Orientierung in Deutschland, liefert Informationen aus der Heimat und garantiert vertraute Musik sowie Spiele, Ablenkung oder Unterhaltung. In Situationen des Wartens und der Untätigkeit hilft es gegen die Langeweile (vgl. ebd.).

Kontakte zur Herkunftsfamilie sind protektiv (vgl. Witt et al. 2015, zit. in: Gravelmann 2016: 78). Wenn der Kontakt zur Familie schlechte Nachrichten überbringt, Sehnsucht verstärkt oder Druck erzeugt, wandelt sich der Schutzfaktor „Smartphone-Nutzung" in einen Risikofaktor.

Einer unkontrollierten Nutzung kann durch medienpädagogische Aufklärung in einen kritischen, verantwortungsvollen und selbstbestimmten Umgang mit den neuen Medien münden (vgl. Gravelmann 2016: 76 f.).

5.4 Traumata

Der Professor für Psychosomatische Medizin Dr. med. Thomas H. Loew rechnet damit, dass in Deutschland jedes 40. Flüchtlingskind schwer traumatisiert ist und professionelle Hilfe braucht. Loew geht davon aus, dass etwa jedes zehnte Flüchtlingskind Symptome zeigt, die auf traumatisierenden Erfahrungen beruhen. Zu diesen Symptomen zählt er Bewegungsunruhe, Unkonzentriertheit, unkooperatives Verhalten, Aggressivität, Schlafstörungen oder Tagträumen (vgl. Loew 2017: 123).

Loew geht davon aus, dass die Zahl traumatisierter Flüchtlinge, insbesondere der Kinder und Jugendlichen, so groß ist, dass 3000 Kinderpsychotherapeuten und 700 Kinderpsychiater in Deutschland diese nicht betreuen und behandeln können (vgl. a.a.O.: 123 f.).

Loew plädiert dafür, neue Wege zu gehen und entwickelte ein Modell der angeleiteten Laienhilfe, das er „TraumaHelfer" nennt. Laien belegen zunächst einen TraumaHelfer-Kurs, bilden sich selbständig fort und begleiten Kinder unter therapeutischer Anleitung nach dem Konzept von Loew (vgl. a.a.O.: 124 f.).

Pädagogen, die traumatisierte Kinder und Jugendliche betreuen, können sich hinter einer „Nicht-Zuständigkeits-Erklärung" verstecken und die Verantwortung an die Therapeuten abgeben, jedoch wird diese Einstellung den Bedarfen nicht gerecht. „Die Grenzen zwischen sozialpädagogischer und psychotherapeutischer Arbeit sind oft fließend" (Gravelmann 2016: 129). Fachkräfte der Sozialen Arbeit sollten sich daher durch Trauma-Fortbildungen und Supervision weiterqualifizieren und stabilisierende Maßnahmen der Trauma- Therapie erlernen. Der „Erste-Hilfe-Kurs für die Seele" von Professor Loew gibt Laien Werkzeuge an die Hand, mit denen sie stabilisierend arbeiten können. Diese umfassen z.B. das entschleunigte Atmen, welches eine Atemtechnik ist, bei der mindestens 5 Minuten lang 6 Sekunden ausgeatmet und 4 Sekunden eingeatmet wird (vgl. Loew 2017. 92-94). SURE steht für Short Somatic Universal Regulative Exercise und ist ein „sich wiegen" im Sitzen oder Stehen und hilft bei der Entspannung (vgl. a.a.O.: 94-97).

Loew beschreibt verschiedene kognitive und kommunikative Strategien, um Belastung zu reduzieren. Sie beinhalten das Zusammensein mit Menschen, die Sicherheit vermitteln, Singen, Sich-Beruhigen, Selbstwahrnehmung, Selbststeuerung, Konzentration auf das Wesentliche oder auf Bewegung, Kommunikation, Problemanalyse, Unterstützung suchen und Veränderung sowie Entlastung realisieren (vgl. a.a.O.: 98-107).

Bei den Strategien von Loew wird der Zusammenhang mit Resilienz deutlich, weil sie Belastung reduzieren, indem sie die Kernkompetenzen von Resilienz fördern.

Ein weiteres Werkzeug von Loew für die Stabilisierung ist funktionelle Entspannung. Sie lenkt die Aufmerksamkeit auf die Körperselbstwahrnehmung, durch kleine Bewegungen an kleinen Gelenken, im Zusammenhang mit der Atmung (vgl. a.a.O.: 110-112).

Es stellt sich die Frage, wie wichtig Therapie im Rahmen der Arbeit mit unbegleiteten Minderjährigen ist. Soll das Trauma im Mittelpunkt der pädagogischen Arbeit stehen oder die Förderung der Resilienz?

Nach Reinhold Gravelmann darf nicht das Trauma im Mittelpunkt stehen, sondern die Resilienzfaktoren und die Ressourcen der Jugendlichen müssen der Fokus von Fachkräften der Sozialen Arbeit sein (vgl. Gravelmann 2016: 129).

„Sicherheit geben, einen schützenden Rahmen bieten, Normalität herstellen, Zuhören – das sind Aufgaben von Fachkräften der Kinder- und Jugendhilfe, die mit (traumatisierten) unbegleiteten minderjährigen Jugendlichen arbeiten" (ebd.). Fachkräfte sollten in der Arbeit mit schwer traumatisierten jungen Flüchtlingen ihre Grenzen kennen (vgl. a.a.O.: 130).

Auf den Umgang mit Tod, Trauer und Trennung ist im Kapitel Resilienzförderung mit Kunsttherapie an verschiedenen Stellen bereits eingegangen worden.

Gravelmann erwähnt im Zusammenhang Sozialer Arbeit und dem Thema Verlust bzw. Tod einen Mangel an wissenschaftlichen Berichten und Schilderungen aus der Praxis (vgl. a.a.O.: 126).

5.5 Sozialisation

Es ist davon auszugehen, dass mindestens ein Fünftel der unbegleiteten Minderjährigen aus Familien kommen, in denen sie körperlicher Gewalt ausgesetzt waren (vgl. a.a.O.: 131 f). Aggression und Autoaggression von unbegleiteten Minderjährigen werden vor diesem Hintergrund nachvollziehbar, insb. wenn zusätzlich (Kriegs-)Ereignisse im Heimatland oder belastende Erfahrungen auf der Flucht gemacht wurden (vgl. ebd.).

Die Erziehungsvorstellungen in den Herkunftsländern unterscheiden sich stark von den Vorstellungen in Deutschland (vgl. a.a.O.: 133).

Während in Deutschland „(weitgehende) Individualisierung, Autonomie, Partizipation, individuelles Glück, Gleichberechtigung, freie Religionswahl, sexuelle Selbstbestimmung, Partizipation [...]" (ebd., Anpassungen J.R.) als Erziehungsziele von einer Mehrheit postuliert werden, gelten in den Herkunftsländern der unbegleiteten Minderjährigen andere Werte. Dazu zählen nach Gravelmann: „ein kollektives Familienverständnis, patriarchale Entscheidungsstrukturen und eine klare Rollenverteilung zwischen Jungen und Mädchen sowie zwischen Mann und Frau, sowohl innerhalb der Familie als auch innerhalb der Gesellschaft" (ebd.). Weiterhin zählt Gravelmann Respekt, Disziplin und Erwartungen an Gehorsam sowie Sexualität ausschließlich in der Ehe und eine starke religiöse Erziehung zu den Wertmaßstäben in anderen Ländern, aus denen die unbegleiteten Minderjährigen stammen (vgl. ebd.).

Eine Fachkraft muss daher im Umgang mit Jugendlichen aus anderen Kulturen wichtige Eigenarten kennen, wie z.B. dass der direkte Augenkontakt zwischen Kind und Vater als unangemessen erachtet wird (vgl. a.a.O.: 134).

Probleme zwischen weiblichen Fachkräften und männlichen unbegleiteten Minderjährigen werden in Fachkreisen kaum thematisiert. Angesichts der Sozialisation der überwiegend männlichen unbegleiteten Jugendlichen ist dies nach Gravelmann verwunderlich und ggf. wissenschaftlicher Ignoranz geschuldet (vgl. ebd.).

Patriarchale Strukturen in den Heimatfamilien sind in vielen Fällen der Grund für die Flucht von unbegleiteten Minderjährigen. Durch die starken Familienbande stehen die geflüchteten Jugendlichen häufig unter Druck, die Erwartungen der Familie zu erfüllen (vgl. ... Abschnitt Erwartungen der Familie). Fachkräfte sollten vor diesem Hintergrund nicht nur nach den Wünschen des Jugendlichen fragen, sondern die Herkunftsfamilie bei Entscheidungen mit einbeziehen (vgl. a.a.O.: 137).

5.6 Religion

Eine zentrale Rolle im Leben der unbegleiteten Minderjährigen spielt die Religion. Sie ist oft islamisch geprägt und in den Herkunftsländern von den jugendlichen Migranten*innen verinnerlicht worden (vgl. a.a.O.: 138).

Die pädagogischen Fachkräfte müssen diese religiösen Anschauungen respektieren, wenn sie lebensweltorientiert arbeiten wollen.

Religion als personale Ressource zu verstehen, beinhaltet die Frage, ob diese das Individuum stabilisiert und für die Person eine Kraftquelle ist (vgl. Tüllmann/ Kösterke/ Pieper 2015: 25).

Religion als soziale Ressource zu begreifen, äußert sich z.B. in der Einbindung der unbegleiteten Minderjährigen in eine religiöse Gemeinschaft (vgl. Weeber/ Gögercin 2014: 84).

Unter Berücksichtigung der Wechselseitigkeit von Schutzfaktoren stellt sich die Frage, wann Religion zum Risikofaktor wird? Die Antwort führt zum religiösen Fanatismus, der zugleich eine potentielle Selbst- wie auch Fremdgefährdung darstellt.

5.7 Kindeswohlgefährdung

Die Versorgung und den Schutz von Kindern- und Jugendlichen in Deutschland regelt das SGB VIII. Unbegleitete Minderjährige gelten aufgrund ihrer Lebenslage als besonders schutzbedürftig. Spezifische Risikofaktoren der Umwelt, die das Kindeswohl von jungen Flüchtlingen gefährden, sind neben dem Menschenhandel, extremistische Gruppierungen in der deutschen Gesellschaft.

5.7.1 Salafismus

Es gibt nur eine kleine Minderheit an Salafisten in Deutschland. Der Präsident der Bundeszentrale für politische Bildung sprach im Juni 2014 von wenigen Tausend Salafisten (vgl. Krüger 2014). Insbesondere Jugendliche und junge Erwachsene werden von salafistischen Gedankengut angesprochen (vgl. ebd.).

Gravelmann berichtet im Zusammenhang mit unbegleiteten Jugendlichen von verschiedenen Anwerbeversuchen durch Salafisten (vgl. Gravelmann 2016: 141).

Das Innenministerium von Nordrhein-Westfalen benennt Merkmale einer Radikalisierung. Dazu gehören „kompromissloses Einfordern besonders strenger religiöser Normen und Riten und aggressive Missionierungsversuche im sozialen Umfeld" (MIK-NRW 2016: 10) sowie Abschottungstendenzen gegenüber anderen Auffassungen und Werten (vgl. ebd.).

5.7.2 Rechtsextremismus

Die Gefährdung des Kindeswohls geht auch vomRechtsextremismus in Deutschland aus (vgl. Gravelmann 2016: 142).

Obwohl die Zahl der Brand- und Sprengstoffdelikte auf Unterkünfte von Flüchtlingen seit Beginn des Jahres 2016 einen rückläufigen Trend verzeichnet, wie auch bei anderen Gewaltdelikten gegen Flüchtlinge (vgl. BKA 2017: 8), sieht Gravelmann Fachkräfte in der Pflicht , mit den unbegleiteten Minderjährigen das Thema Rassismus und Fremdenfeindlichkeit anzusprechen (vgl. Gravelmann 2016: 142).

Dabei muss der veränderte „Tätertyp" beachtet werden, der sich „turboradikalisiert" (vgl. Jäger, zit. in: AWO Bundesverband et al. 2017: 7).

Die Erziehungswissenschaftlerin Heike Radvan sieht die Soziale Arbeit in der „professions-ethischen-Pflicht" sich für Menschenrechte einzusetzen (vgl. Radvan 2017, zit. in: AWO Bundesverband 2017: 21). Wenn Menschen von Diskriminierung betroffen sind, hat Soziale Arbeit ein politisches Mandat und muss sich positionieren (vgl. a.a.O.: 21 f.). Der Moraltheologe Lob-Hüdepohl sieht die Soziale Arbeit in der Pflicht, sich für gesellschaftliche Verhältnisse einzusetzen, in denen die Menschenrechte zur Verwirklichung kommen können (vgl. Lob-Hüdepohl 2017, zit. in: AWO Bundesverband 2017: 22).

5.8 Grenzen der Pädagogik

Manche UM sind stark auffällig und nicht zugänglich für pädagogische Prozesse (vgl. Gravelmann: 2016: 143). Die Gründe dafür sind vielfältig und in den Lebenslagen der Betroffenen zu finden.

Wenn Pädagogik an ihre Grenzen stößt, sind nach Gravelmann andere Wege zu beschreiten. Dazu zählt er die Jugendpsychiatrie, Polizeieinsätze, justiziable Reaktionen oder spezielle Jugendhilfeeinrichtungen, die eine intensivpädagogische Betreuung im Rahmen einer interdisziplinären Zusammenarbeit gewährleisten (vgl. a.a.O.: 144).

6 Anforderungen an die Fachkräfte Sozialer Arbeit

Die Lebenslagen von unbegleiteten Flüchtlingen sind komplex. UM müssen nicht nur die sensible Entwicklungsphase Adoleszenz mit der Transition in die Volljährigkeit bewältigen, sondern auch die beschriebenen spezifischen Herausforderungen von unbegleiteten Kindern- und Jugendlichen. Was die komplexen Anforderungen für die Fachkräfte der Sozialen Arbeit bedeuten, erläutert der nächste Abschnitt.

6.1 Kultursensibilität

Die Arbeit mit Menschen aus verschiedenen Ländern erfordert Kultursensibilität. Das Wissen über die Kulturen, aus denen die unbegleiteten Minderjährigen stammen, hilft einer Fachkraft, eine umfassendere Sicht auf ihre Klienten*innen zu erhalten. Thiersch sagt zum Thema Alltag und Lebenswelt in einem Vortrag aus dem Jahr 2014: „Zum ersten: Unsere AdressatInnen müssen als Menschen verstanden werden, die sich mit den Verhältnissen auseinandersetzen, in denen sie sich vorfinden, also nicht gleichsam als Subjekt, isoliert in ihren Fähigkeiten, ihren Kompetenzen, ihren Einstellungen. Sie müssen gesehen werden, im Gefüge der Strukturen, in denen sie leben, und in ihren Versuchen, sich in diesen Strukturen zu behaupten;" (Thiersch 2014: 11).

Kultursensibilität darf vor dem Hintergrund der Lebensweltorientierung nach Thiersch nicht zu einer Verengung der Sicht auf Klienten*innen führen, indem den unbegleiteten Minderjährigen als Adressatengruppe bestimmte kulturelle Merkmale zugeschrieben werden. Stattdessen müssen Sozialarbeiter*innen jeden Fall differenziert betrachten und dabei die individuelle Sozialisation und Situation fokussieren.

Kultur ist nicht gleich Nationalkultur sondern beinhaltet auch ökonomische und sozialstrukturelle Faktoren (vgl. Gravelmann 2016: 57).

Ein Hirtenjunge aus Afghanistan hat demnach andere ökonomische und soziale Lebenslagen erlebt als eine Studentin aus Kabul. Beide Personen sind nur bedingt vergleichbar (vgl. ebd.).

Um die multidimensionale Perspektive einnehmen zu können, braucht eine Fachkraft Empathie und gedankliche Offenheit für verschiedene Perspektiven (vgl. a.a.O.: 58 f.).

Thiersch erweitert die beiden Bestimmungsmomente Empathie und Offenheit mit der Trias aus Liebe, Vertrauen und Neugier (vgl. Thiersch 2014: 9). „Liebe meint die unbedingte Anerkennung des anderen Menschen in seinem Menschsein und seinem Bürgersein" (ebd.). Vertrauen bezieht sich nach Thiersch auf das Vertrauen in die Entwicklungs-, Lern- und Veränderungsmöglichkeiten des Menschen. Neugier, als besonders wichtiges Bestimmungsmoment, enthält die Möglichkeiten und Potentiale, den Eigensinn und die Fantasie der Adressaten*innen (vgl. ebd.).

Durch das neugierige Beobachten von kulturellen Gebräuchen der unbegleiteten Jugendlichen, kann bei den Fachkräften Sozialer Arbeit kulturelles Verstehen entstehen, insbesondere wenn sie Interesse an deren Sozialisation und Kulturnation bekunden und reflexive Gespräche über diese Gebräuche führen (vgl. Gravelmann: 62).

6.2 Reflexionsfähigkeit, Anerkennung und Diversitätsbewusstsein

Die Fähigkeit zur Selbstreflexion gehört zu den Kernkompetenzen von Fachkräften der Sozialen Arbeit (vgl. Jagusch 2017). Die Vielfalt der Lebenslagen erfordert ein Bewusstsein, das die Wechselwirkung von Faktoren betrachtet, zu denen Gender, Migrationsgeschichte, sozioökonomische Zugehörigkeit, sexueller Orientierung, geografischer Verortung[6], Alter, Bildungsbiografie, Gesundheit bzw. Krankheit und religiöser Orientierung gehören (vgl. ebd.).

Die unbedingte Anerkennung des Menschen, die Thiersch auch als Liebe bezeichnet, steht im Zentrum eines reflexiven Bewusstseins, das sich der Vielfalt der Lebenswelten gewahr ist und sich der Relativität von Erklärungen über Realität, Identität, Handlung und Verhalten nicht verschließt (vgl. ebd.).

In diesem Bewusstsein geht es nicht um reine Wissensvermittlung, Patentrezepte für die Pädagogik oder Bedienungsanleitungen für das gesellschaftliche Miteinander, „[...] sondern um die Maxime, sich auf Uneindeutigkeiten einzulassen und Verunsicherung zum Anlass des Nachfragens bei den konkreten Subjekten zu nehmen" (ebd., Auslassungen: J.R.).

Ein reflexives Diversitätsbewusstsein hinterfragt die eigenen Überzeugungen, Stereotypen, medialen Bilder und (vermeintliches) Wissen (vgl. ebd.).

---

[6] Die sozio-geografische Herkunft bezieht sich auf die Frage der Sozialisation: Ist der/die Betroffene ländlich oder großstädtisch geprägt?

So wurde zum Beispiel in der Silvesternacht in Köln deutlich, wie schnell sexistische Gewalt von Männern gegenüber Frauen mit ethnischen und religiösen Etiketten belegt und damit eine ganze Gruppe von Menschen diskreditiert wurde. Im Zusammenhang mit überwiegend männlichen und muslimischen unbegleiteten Jugendlichen könnte eine Dekonstruktion der Etikette darin bestehen, dass sich Fachkräfte im Team über sexualisierte Gewalt austauschen und über die EU-Studie nachdenken, in der „[...] jede fünfte Frau über 15 Jahre angibt, Opfer von (sexualisierter) Gewalt geworden zu sein, dass sich aber der größte Teil dieser Gewalterfahrungen im familiären Umfeld abspielt" (vgl. Agentur der Europäischen Union für Grundrechte 2014, zit. in: Jagusch 2017).

Ein reflexives Diversitätsbewusstsein verhindert die Verfestigung von Vorurteilen und Vorbehalten und fokussiert die Ressourcen der Betroffenen (vgl. ebd.).

Im Einzelfall bedeutet die Fokussierung auf die Ressourcen der Betroffenen, Möglichkeiten der Partizipation zu schaffen. Die Beteiligungsmöglichkeit umfassen dabei die inhaltlichen, organisatorischen, strukturellen und konzeptionellen Ebenen (vgl. ebd.).

6.3 Empowerment

Menschen sind nie nur Opfer von Rassismus, Sexismus oder Gewalt. Sie inkorporieren Resilienz, ein Widerstandspotential, das es (wieder) zu entdecken und zu fördern gilt (vgl. ebd.).

Das Konzept Empowerment fokussiert in diesem Zusammenhang insbesondere die Potentiale und Ressourcen der Adressaten*innen und hilft bei der Entwicklung von Strategien für Partizipation (vgl. ebd.).

Empowerment hat den Ansatz, dass Selbstermächtigung am besten in Räumen entsteht, in denen die Betroffenen unter sich sind. Im Rahmen der Jugendarbeit mit unbegleiteten Minderjährigen sind das Orte der Begegnung, an denen Erfahrungen der eigenen Stärke und des Peer-to-Peer-Lernens ermöglicht wird (vgl. ebd.).

7 Schlussbemerkung

Um unbegleiteten minderjährigen Flüchtlingen bei der Bewältigung ihrer enormen Probleme helfen zu können, erweisen sich Fragestellungen und Erkenntnisse der Resilienzforschung sowie Methoden und Ansätze in der Praxis, Resilienz zu fördern, als bedeutsam und weiterführend. Das Konzept der Resilienz zeigt Wege auf, wie unbegleiteten Minderjährigen eine Chance gegeben wird, trotz traumatisierender Erfahrungen und gravierender Belastungen eine gesunde psychische Entwicklung zu nehmen.

Die Anforderungen an eine Fachkraft der Sozialen Arbeit in diesem Arbeitsfeld sind vielfältig und komplex, ob es den rechtlichen Rahmen der Jugendmigrationshilfe, ob es pädagogische Kenntnisse oder den Umgang mit Traumatisierung und Interkulturalität betrifft. Sie verlangen von den

Fachkräften Sensibilität und ein reflexives Diversitätsbewusstsein, das die Basiskompetenzen von Annahme und Reflexionsfähigkeit beinhaltet.

Resilienzförderung betrifft nicht nur die unbegleiteten Minderjährigen, sondern auch ihre Betreuer*innen selbst, die insb. vor dem Hintergrund der Gefahr einer sekundären Traumatisierung ihre eigene Widerstandsfähigkeit stärken sollten. Ein Team als sicheren Ort vorzufinden, wie auch die Möglichkeit zur Fortbildung, kollegialen Fallberatung und Supervision sind nicht nur im Kontext der Migrationshilfe von unbegleiteten Minderjährigen als Burn-out Prophylaxe anzusehen, sondern als zentrale und wichtige Schutzfaktoren, die zu den Standards der Sozialen Arbeit zählen und deren Umsetzung im Sinne der Professionsethik eingefordert werden muss.

Die Notwendigkeit zur Kooperation mit Partnern in Therapie, Schule, Justiz, Verwaltung, Ehrenamt und Initiativen ist insbesondere im Kontext der Sozialen Arbeit mit unbegleiteten Minderjährigen von Bedeutung.

UM wollen einen Platz in der deutschen Gesellschaft finden. Dafür ist die Schaffung integrationsfreundlicher Rahmenbedingungen notwendig, durch Kontakte und Netzwerke, die den interkulturellen Austausch fördern, den Spracherwerb unterstützen und Teilhabe ermöglichen. Die Kontakte in das Herkunftsland sind dabei eine wertvolle Ressource (vgl. Schneck 2017: 60).

Ob die Integration der jungen Migranten*innen in Deutschland gelingt, hängt auf der personalen Ebene von deren Resilienz und persönlichen Stärken ab.

Auf der sozialen Ebene sollte die deutsche Aufnahmegesellschaft eine „Willkommensstruktur" entwickeln, die im Sinne von Empowerment die unbegleiteten Minderjährigen in Entscheidungsprozesse einbindet und damit ihre Autonomie und Selbstbestimmung fördert (vgl. a.a.O.: 256).

Soziale Arbeit ist aufgefordert sich auch international auf politischer Ebene für eine solidarische Gesellschaft einzusetzen, die die Würde des Menschen achtet, Krieg, Gewalt und Rassismus ablehnt und dabei hilft, dass Kinder und Jugendliche nicht mehr fliehen müssen.

Literaturverzeichnis

Amnesty International (Hrsg.) (2016): Albanien 2016.
https://www.amnesty.de/jahresbericht/2016/albanien (Abruf:
05.10.2017).

Amnesty International (Hrsg.) (2017): Die wichtigsten Fakten.
https://www.amnesty.ch/de/themen/folter/zahlen-fakten-und-
hintergruende/wichtigste_fakten (Abruf: 27.09.2017).

Amnesty International (Hrsg.) (2017a): Eritrea 2017.
https://www.amnesty.de/jahresbericht/2017/eritrea (Abruf:
28.09.2017).

Amnesty International (Hrsg.) (2017b): Gambia 2017.
https://www.amnesty.de/jahresbericht/2017/gambia (Abruf:
28.09.2017).

Amnesty International (Hrsg.) (2017c): Guinea 2017.
https://www.amnesty.de/jahresbericht/2017/guinea (Abruf:
28.09.2017).

AWO Bundesverband e.V./ Deutscher Caritasverband e.V./ Deutscher Paritäti-
scher Wohlfahrtsverband – Gesamtverband e.V./ Diakonie Deutschland –
Evangelischer Bundesverband/ Zentralwohlfartsstelle der Juden in
Deutschland e.V. (Hrsg.) (2017): Miteinander gegen Hass, Diskriminierung
und Ausgrenzung. Eine Handreichung der Wohlfahrtsverbände zum Umgang mit Rassismus, Antisemitismus und Rechtsextremismus.
http://www.der-
paritaetische.de/fileadmin/user_upload/Publikationen/doc/170925-
Handreichung_web.pdf (Abruf: 22.11.2017).

Baer, Udo / Frick-Baer, Gabriele (2016): Flucht und Trauma. Wie wir traumatisierten Flüchtlingen wirksam helfen können. Gütersloher Verlagshaus Gü-
tersloh.

Balthasar, Dominik (2015): Somalia. In: Dossier Innerstaatliche Konflikte. Bundeszentrale für politische Bildung.
http://www.bpb.de/internationales/weltweit/innerstaatliche-
konflikte/54689/somalia (Abruf: 27.09.2017).

Bengel, Jürgen/ Meinders-Lücking, Frauke/ Rottmann, Nina (2009): Schutzfaktoren bei Kindern und Jugendlichen. Stand der Forschung zu psychosozialen Schutzfaktoren für Gesundheit. Bundeszentrale für gesundheitliche Aufklärung Köln.

BKA (Bundeskriminalamt) (Hrsg.) – (2017): Kernaussagen. Kriminalität im Kontext von Zuwanderung. Betrachtungszeitraum:01.01 – 30.06.2017. https://www.bka.de/SharedDocs/Downloads/DE/Publikationen/Jahresb erichteUndLagebil-der/KriminalitaetImKontextVonZuwanderung/kernaussagenZuKriminalit aetImKontextVonZuwanderungI-IIQuar-tal2017.html;jsessionid=C2D16D6D1FE9508CFF21366F6E585390.live06 12?nn=62336 (Abruf: 22.22.2017).

Braun, Daniela/ Kaiser-Hylla, Catherine/ Müller-Dötsch, Verena/ Faust, Claudia (2014): Kunst und Resilienz bei traumatisierten Kindern. Eine Untersuchung zu künstlerischem Gestalten im Kontext der Jugendhilfe. Schneider-Verlag Hohengehren, Baltmannsweiler.

Brinks, Sabrina/ Dittmann, Eva/ Müller, Heinz (Hrsg.) (2017): Handbuch unbegleitete minderjährige Flüchtlinge. Internationale Gesellschaft für erzieherische Hilfen Frankfurt/Main.

Bundesamt für Migration und Flüchtlinge (Hrsg.) (2014): Konferenzbericht: Unbegleitete Minderjährige. http://www.bamf.de/SharedDocs/Meldungen/DE/2014/tagung-unbegleiteteminderjaehrige-bericht.html (Abruf: 05.10.2017).

Bundesamt für Migration und Flüchtlinge (Hrsg.) (2017): Unbegleitete Minderjährige (UM). Entwicklung des Zugangs. http://www.bamf.de/SharedDocs/Anlagen/DE/Downloads/Infothek/Asy l/um-zahlen-entwicklung.pdf?_blob=publicationFile (Abruf: 05.10.2017).

Bundesamt für Migration und Flüchtlinge (Hrsg.) (2017a): Unbegleitete Minderjährige. http://www.bamf.de/DE/Fluechtlingsschutz/UnbegleiteteMinderjaehrige /unbegleitete-minderjaehrige-node.htm (Abruf: 10.10.2017).

Chimelli, Rudolph (2011): Iran ist anders. In: Dossier Iran. Bundeszentrale für politische Bildung. http://www.bpb.de/internationales/asien/iran/40105/iran-ist-anders (Abruf: 29.09.2017).

Deutscher Bundestag (2017): Antwort der Bundesregierung auf die Kleine Anfrage der Abgeordneten Beate Walter-Rosenheimer, Luise Amtsberg, Dr. Franziska Brantner, weiterer Abgeordneter und der Fraktion BÜNDNIS 90/DIE GRÜNEN. Drucksache 18/10914. Daten zu unbegleiteten minderjährigen Flüchtlingen. Bundestags-Drucksache 18/11080 Berlin.

Deutscher Bundestag (2017a): Unterrichtung durch die Bundesregierung. Bericht über die Situation unbegleiteter ausländischer Minderjähriger in Deutschland. Bundestags-Drucksache 18/11540 Berlin.

Die Bundesregierung (Hrsg.) (2017): Fragen und Antworten: Flucht, Migration, Integration. https://www.bundesregierung.de/Webs/Breg/DE/Themen/Fluechtlings-Asylpolitik/4-FAQ/_node.html?id=GlossarEntry1659092 (Abruf: 02.10.2017).

EASO (Hrsg.) (2016): EASO-Bericht über Herkunftsländer-Informationen. Eritrea: Nationaldienst und illegale Ausreise. https://www.sem.admin.ch/dam/data/sem/internationales/herkunftslaender/afrika/eri/ERI-ber-easo-nationaldienst-d.pdf (Abruf: 28.09.2017).

Europäisches Parlament (Hrsg.) (2013): Richtlinie 2013/33/EU des Europäischen Parlaments und des Rates vom 26. Juni 2013 zur Festlegung von Normen für die Aufnahme von Personen, die internationalen Schutz beantragen (Neufassung).

Flüchtlingsrat Niedersachsen e.V. (Hrsg.) (2017): https://www.nds-fluerat.org/leitfaden/3-wer-bekommt-asyl/ (Abruf: 15.10.2017).

Fröhlich-Gildehoff, Klaus/ Rönnau-Böse, Maike (2014): Resilienz. Reinhardt Verlag München.

Görner, Tina (2011): Was für ein Theater! Methodische Ansätze in der Arbeit mit gewaltbereiten Jugendlichen. Centaurus Verlag Freiburg.

Gravelmann, Reinhold (2016): Unbegleitete minderjährige Flüchtlinge in der Kinder- und Jugendhilfe. Orientierung für die praktische Arbeit. Ernst Reinhardt Verlag München Basel.

Grossmann, Klaus, E./ Grossmann, Karin (2007): „Resilienz"- Skeptische An-
merkungen zu einem Begriff. In: Fooken, Insa/ Zinnecker, Jürgen (Hrsg.):
Trauma und Resilienz. Chancen und Risiken lebensgeschichtlicher Bewältigung von belasteten Kindheiten. Juventa Verlag Weinheim und München.
29-38.

Gruhl, Monika (2014): Resilienz - die Strategie der Stehauf-Menschen. Krisen
meisten mit innerer Widerstandskraft. Kreuz Verlag Freiburg im Breisgau.

Hanewinkel, Vera (2014): Flüchtlinge in Europa: Ein Blick auf die Herkunftsländer Eritrea und Somalia. In: Newsletter „Migration und Bevölkerung".
Bundeszentrale für politische Bildung.
http://www.bpb.de/gesellschaft/migration/newsletter/195082/fluechtli
nge-in-europa (Abruf: 29.09.2017).

Hartwig, Luise (2017): Zwischenruf: Mädchenarbeit mit unbegleiteten minderjährigen weiblichen Flüchtlingen umsetzen. In: Brinks, Sabrina/ Dittmann,
Eva/ Müller, Heinz (Hrsg.) (2017): Handbuch unbegleitete minderjährige
Flüchtlinge. Internationale Gesellschaft für erzieherische Hilfen Frank-
furt/Main. S. 287-292.

Heriniaina, Nele (2010): Kunsttherapie mit jungen Flüchtlingsfrauen. Ein Konzept zur Förderung ihrer Resilienz. Martin Meidenbauer Verlagsbuch-
handlung München.

Huber, Anna/ Lechner, Claudia (2017): Die Situation unbegleiteter Minderjähriger Geflüchteter in Deutschland. In: Kurzdossiers Zuwanderung, Flucht
und Asyl: Aktuelle Themen. Bundeszentrale für politische Bildung.
http://www.bpb.de/gesellschaft/migration/kurzdossiers/243276/unbeg
leitete-minderjaehrige-gefluechtete (Abruf: 18.10.2017).

Infratest dimap (2017): wahl.tagesschau.de.
http://wahl.tagesschau.de/wahlen/2017-09-24-BT-DE/index.shtml (Abruf: 18.10.2017).

Jagusch, Birgit (2017): Reflexive diversitätsbewuste Pädagogik. In: Brinks,
Sabrina/ Dittmann, Eva/ Müller, Heinz (Hrsg.) (2017): Handbuch unbegleitete minderjährige Flüchtlinge. Internationale Gesellschaft für erzieherische Hilfen Frankfurt/Main. S. 276-286.

Knaevelsrud, Christine (2017): Sequenzielle Traumatisierungen von Flüchtlingen - psychosoziale Folgen und Interventionsansätze. https://www.klausgrawe-stiftung.ch/assets/lbwp-cdn/klausgrawe-stiftung/files/1496238558/klaus-grawe_mittagsvorlesung-2017_copyrightchecked1.pdf (Abruf: 25.10.2017).

Krüger, Thomas (2014): Eröffnungsreden. In: Salafismus als Herausforderung für Demokratie und politische Bildung. Veranstaltungsdokumentation im Juni 2014. Bundeszentrale für politische Bildung. http://www.bpb.de/veranstaltungen/dokumentation/186708/thomas-krueger (Abruf: 21.11.2017).

Loew, Thomas H. (2017): Kriegsschauplatz Gehirn. Schadensbegrenzung bei traumatischen Belastungen. Psychosozial-Verlag Gießen.

MIK-NRW (Ministerium für Inneres und Kommunales des Landes Nordrhein-Westfalen) (Hrsg.) - (2016): Extremistischen Salafismus erkennen. Kompaktinformationen für Mitarbeiterinnen und Mitarbeiter in Flüchtlingseinrichtungen. https://www.mik.nrw.de/fileadmin/user_upload/Redakteure/Verfassungsschutz/Dokumente/Broschueren/Extremistischen_Salafismus_erkennen_Maerz2016.pdf (Abruf: 21.11.2017).

Online Lexikon für Psychologie und Pädagogik (Hrsg.) (o.J.): Sublimation. http://lexikon.stangl.eu/19200/sublimation/ (Abruf: 03.11.2017).

Parusel, Bernd (2009): Unbegleitete minderjährige Migranten in Deutschland – Aufnahme, Rückkehr und Integration. Bundesamt für Migration und Flüchtlinge. Nürnberg.

Pons-Wörterbuch (2017): Wörterbuch. Resilience. https://de.pons.com/%C3%BCbersetzung?q=resilience&l=deen&in=ac_en&lf=de (Abruf: 07.11.2017).

Pro Asyl (2017): In: Pressemitteilung Gesetzesänderung in Kinder- und Jugendhilfe: Sozialverbände und Organisationen kritisieren Pläne der Bundesregierung als „Diskriminierung unbegleiteter minderjähriger Flüchtlinge". https://www.proasyl.de/pressemitteilung/gesetzesaenderung-in-kinder-und-jugendhilfe-sozialverbaende-und-organisationen-kritisieren-plaene-der-bundesregierung-als-diskriminierung-unbegleiteter-minderjaehriger-fluechtlinge/ (Abruf: 18.10.2017).

Rönnau-Böse, Maike/ Fröhlich-Gildhoff, Klaus (2015): Resilienz und Resilienz-förderung über die Lebensspanne. Kohlhammer Stuttgart.

Rohde, Achim (2015): Irak. In: Dossier Innerstaatliche Konflikte. Bundeszentrale für politische Bildung. http://www.bpb.de/internationales/weltweit/innerstaatliche-konflikte/54603/irak (Abruf: 27.09.2017).

Ruttig, Thomas (2015): Afghanistan. In: Dossier Innerstaatliche Konflikte. Bundeszentrale für politische Bildung. http://www.bpb.de/internationales/weltweit/innerstaatliche-konflikte/155323/afghanistan (Abruf: 27.09.2017).

Schneck, Ulrike (2017): Psychosoziale Beratung und therapeutische Begleitung von traumatisierten Flüchtlingen. Psychiatrie Verlag Köln.

Thiersch, Hans (2014): Pädagogische Haltung. Ein Vortrag vor dem Jugendamt in Karlsruhe. http://www.hans-thiersch.de/Hans-Thiersch.de/Veroeffentlichungen_files/Haltung--Endfassung.pdf (Abruf: 23.11.2017).

Timm, Andreas (2016): Pressemitteilung der Ministerpräsidenten. Sellering und Haseloff informieren über Ergebnisse der MPK. Staatskanzlei Mecklenburg-Vorpommern. http://www.b-umf.de/images/Ergebnisse_MPK_Rostock_10-16.pdf (Abruf: 18.10.2016).

Tüllmann, Michael/ Kösterke, Sylke/ Pieper, Anke (2015): Lebenswelten entdecken. Religions- und kultursensibel arbeiten in der Jugendhilfe. Stiftung Das Rauhe Haus. http://www.religions-kultursensibel.de/fileadmin/user_upload/downloads/KJH_RKS-Broschuere.pdf (Abruf: 21.11.2017).

UN – Vereinte Nationen (Hrsg.) (2016): Detailed findings of the commission of inquiry on human rights in Eritrea. http://www.ohchr.org/Documents/HRBodies/HRCouncil/CoIEritrea/A_HRC_32_CRP.1_read-only.pdf (Abruf: 28.09.2017).

UNHCR – United Nations High Commissioner for Refugees – Hochkommissar der Vereinten Nationen für Flüchtlinge (Hrsg.) (2017): Abkommen über die Rechtsstellung der Flüchtlinge vom 28.Juli 1951. http://www.unhcr.org/dach/wp-con-tent/uploads/sites/27/2017/03/GFK_Pocket_2015_RZ_final_ansicht.pdf (Abruf: 26.09.2017).

UNICEF - United Nations International Children´s Fund – Kinderhilfswerk der Vereinten Nationen (Hrsg.) (2010): Kinderarbeit. Grenzenlose Ausbeu-tung. https://www.unicef.de/informieren/materialien/kinderarbeit--grenzenlose-ausbeutung/9126 (Abruf: 05.10.2017).

UNICEF - United Nations International Children´s Fund – Kinderhilfswerk der Vereinten Nationen (Hrsg.) (2012): UNICEF-Bericht „Zur Situation der Kinder in der Welt 2012". https://www.unicef.de/informieren/aktuelles/presse/2012/bericht-situation-der-kinder-2012/13702 (Abruf: 05.10.2017).

UNICEF - United Nations International Children´s Fund – Kinderhilfswerk der Vereinten Nationen (Hrsg.) (2016a): Pressemitteilung. Letzte Chance für die Kindheit. UNICEF-Report 2016 zu Kindern im Krieg und auf der Flucht. https://www.unicef.de/informieren/aktuelles/presse/2016/unicef-report2016-fluechtlingskinder/116528 (Abruf: 05.10.2017).

UNICEF - United Nations International Children´s Fund – Kinderhilfswerk der Vereinten Nationen (Hrsg.) (2016b): Kinderheirat ist eine schwere Men-schenrechtsverletzung. https://www.unicef.de/mitmachen/ehrenamtlich-aktiv/-/arbeitsgruppe-berlin/kinderheirat-ist-eine-schwere-menschenrechtsverletzung/121286 (Abruf: 05.10.2017).

Weeber, Vera Maria, Gögercin, Süleyman (2014): Traumatisierte minderjährige Flüchtlinge in der Jugendhilfe. Ein interkulturell und ressourcenorientier-tes Handlungsmodell. Centaurus-Verlag.

Wieland, Carsten (2015): Syrien. In: Dossier Innerstaatliche Konflikte. Bundes-zentrale für politische Bildung. http://www.bpb.de/internationales/weltweit/innerstaatliche-konflikte/54705/syrien (Abruf: 27.09.2017).

Winter, Reinhard (2017): Jungenarbeit mit unbegleiteten minderjährigen männlichen Flüchtlingen. In: Brinks, Sabrina/ Dittmann, Eva/ Müller, Heinz (Hrsg.) (2017): Handbuch unbegleitete minderjährige Flüchtlinge. Internationale Gesellschaft für erzieherische Hilfen Frankfurt/Main. S. 293-302.

Wojczewski, Thorsten (2015): Pakistan. In: Dossier Innerstaatliche Konflikte. Bundeszentrale für politische Bildung. http://www.bpb.de/internationales/weltweit/innerstaatliche-konflikte/54682/pakistan (Abruf: 27.09.2017).